寺川奈津美

気象キャスター 寺川奈津美

はれますように

未来はきっと変えられる

はれますように

気象キャスター　寺川奈津美

はじめに

「寺川さん、これじゃダメです。かっこよく書きすぎです。もっとさらけ出してください」

最初に書いた原稿は編集の方から突き返されました。

本を書くきっかけを与えてくれたのは編集者Uさん。

「進路に悩む若者を勇気づけるような本を作りたい」

「寺川さんの気象キャスターになるまでの紆余曲折は、若者にメッセージを伝えることができると思うんですよね」

私は20代前半、自分の人生にとても不安を覚えていました。就職活動はことごとく落ち、やっと就職できたと思ったら1年で仕事を辞めてしまい、泣きながら実家に帰るという情けない若者だったのです。

それから10年。失敗や挫折の数々が少しずつ私を変えてくれました。まだまだ人様に人生のアドバイスができるような器でないことは重々承知です。ただ、「生まれ変わっても気象キャスターになりたい」

不器用な私が、そんなふうに思える職業に出会うことができました。当時の心境を思い出しながら、ありのままを書いたつもりです。共感し、勇気づけられる若者がいると信じて。

よければ少し、私の話にお付き合いください。

気象キャスター
寺川奈津美
はれますように
もくじ

第2章

6回目の気象予報士試験　055

第1章

「寺川はアナウンサーに向いている」

故郷

先頭を駈け来し孫は　吾が前でVサインして　テープ切りたり

これは、今は亡き父方の祖母が、私の幼いころのことを詠んだ句です。父親の仕事の関係で転校を繰り返す私、学校になじめているか心配だったようです。運動会ではしゃぐ私を見て、おばあちゃんは安心したんだよと話してくれました。Vサインしながら走るなど、そんな余裕をかました覚えはないのですが、おばあちゃんが運動会に来てくれたこと、ニコニコしてくれていたことを覚えています。私はとても活発な子だったと思います。田舎でたくましく丈夫に育ちました。

私の田舎は山口県下関市。小さなころは家のすぐ近くに海がありました。でも、子どもたちだけで海に近づいちゃダメと言われていたので、夏に親が海水浴に連れて行ってくれる日は朝から大はしゃぎでした。近所の友だち皆で水着のまま出かけていました。

夕方、どろんこの水着のまま帰ってきて、お風呂に直行。そして、夜は花火をするのです。幼いころの楽しい思い出は夏にぎゅっと詰まっています。

だから私は、今でも夏が大好きです。そして、海が好きです。地元の自慢の関門海峡の景色は「ここが故郷だ」と強く思わせてくれます。

私の家族を簡単に紹介しましょう。

父・秀樹は警察官です。堅気な職業ですが、普段の父はかなりのお調子者です。通っているスポーツクラブで最近はまっているのはエアロビクスで、「踊るおまわりさん」と呼ばれているそうです。ときどき強い正義感を垣間見ることがあって、そういうときは「お父さんて警察官なんだな」と思います。

母・景子は私とは正反対のタイプの女性です。控えめで、大好きなフィギュアスケートにうっとりする姿はかわいらしいです。しかし、芯の強い女性です。私がメソメソしていると必ず活を入れてくれます。

そして、ひとつ上に兄・祐樹がいます。現在は民間企業で研究員として働いています。コテコテの理系人間です。小さなころから何かを考えだすと、納得するまでずーっと考えていました。変な性格だなーっと思っていましたが、たぶん私たちは似ています。趣味は野球とギターです。

リケジョ

大学は理工学部を卒業しています。いわゆる「リケジョ」です。どうして理系に進んだの？　とよく聞かれます。うーん。どうしてだろう？

この間、実家に帰ったときに、学生時代の理数科目の教科書をペラペラめくってみました。数や式がズラリと並び、きれいさっぱり忘れてしまった公式の数々が目に飛び込んできました。

「よくこんなの解いてたなー」

でも、しばらく眺めていると思い出しました。そう、「公式の見方」を思い出したのです。それを教えてくれたのは兄です。兄はよく、「公式は丸暗記するな」と言っていました。やみくもに式を覚え、意味もわからずひねくり回して解いていくことに、何のおもしろさもありません。

公式は意味を持っているのです。その意味をちゃんとイメージできれば……たちまち公式は、ものごとを導く最高の道具となるのです。

「あっそういうことか！」

きれいに解けたときのあの感覚が好きだったんだと思い出しました。

私には理系のセンスやひらめきは決してなかったと思いますが、「理系科目の親しみ方」みたいなものを早い段階から知っていたんだと思います。特に理系科目の中でも、目に見える現象が理論的に解決できる理科が好きでした。

例えば、ぐっと冷え込んだ朝晩に吐く息が白くなることや、窓が曇って指で絵が書けるのも、気温と飽和水蒸気量のグラフを読み解くと、スッキリ納得です。また、ボールに空気を入れて圧縮するとパンパンになり、気持ちいいくらい弾むようになります。これは熱力学の法則を学べば、なるほどと思います。
そういえば気象の勉強を始めたころ、冬の日本海に雲ができる原理と、温泉に行ったときにぶわーっと湯気が立ち込める原理は同じなんだ！　と理解したときは、目からうろこでした。

私は「気象」という学問に、今どっぷりはまっています。気象は空間を想像する力がいるので、頭を悩ませることがしょっちゅうですが、必ず、答えは目に見える形で出てきます。
もっと「気象」をつきつめたいです。気象にちょっとでも興味のある方がいたら、声を大にして伝えたい。「気象はとってもおもしろいですよ‼」

アナウンサーになりたい

学生時代の夢は何でしたか？　と聞かれることがよくあります。私、アナウンサーになりたいと思っていたんです。理系に進んでいたのに、どうしてアナウンサーなの？　って思いますよね。それは当時通っていた塾の先生の言葉がきっかけです。

「寺川はアナウンサーに向いている」

中学2年生のときだったと思います。授業が終わって雑談まじりに進路の相談をしていたとき、こう言ってくれたのです。

最初は「?」という感じでした。理系に進みたいという希望を知っているはずなのに、何を言い出すのだろう……と。

するとと先生は、

「理系でいい。理系のままでいけ。理系でアナウンサーなんておもしろいじゃないか」

「おもしろい」、その言葉がすごく印象に残りました。先生がどうしてアナウンサーに向いていると言ってくれたかはよくわかりません。でも、だんだんと「そっか、私ってアナウンサーに向いているのか！」と、その気になってきました。

もし、そのとき先生が「寺川は医者に向いている」と言っていたなら、私は医者を目指していたかもしれません。

とにかく私は、その日から夢ができました。アナウンサーです。我ながら単純だなーっと思います。

どうしてそんなに単純だったのか。それには理由があったような気もします。当時の私にとって、「お前はこれに向いている」と力強く言ってもらえることが嬉しかったのだと思います。ちゃんと自分のことを見てくれている人がいる、そういうふうに感じたのです。

当時の私は、中学校でいじめ……というと大げさですが、上靴を隠され、裸足で教室に行くということが何度かありました。毎朝、下駄箱を見るのが怖かったです。

ある朝、たまらなくなって脱走を試みたことがあります。職員室にいる先生たちに見つからないよう、塀に隠れながら学校の外に向かっていました。でも途中、遠くにいた他のクラスの先生と目があって、「?」という顔をされました。

「逃げてもすぐに見つかっちゃうな……」

結局、外に飛び出す勇気がなかった私は、無意識に保健室の前にいました。保健室の先生が「どうしたの?」と、びっくりすると同時に涙があふれました。先生はぎゅっと抱きしめてくれました。その日はもう帰っていいと言われ、授業を受けずに早退しました。

その夜、寺川家にて再びプチ波乱がありました。学校を早退したことを父親に怒られたのです。私は再び泣きそうになりました。

すると、私が泣くよりも早く隣の部屋から兄が飛び出してきて、「居場所がなくてここに帰ってきたのに何が悪いんか！」と、父を激しく責めました。私はそれを聞いて、再びおいおいと泣き、しまいには母親も泣きだしました。よく事情を呑み込めていなかった父は、ひとりオロオロしていました。

そんな中、電話が鳴りました。私が早退したことを知った親友のKちゃんが、心配して電話をかけてくれたのです。

「なっちゃん大丈夫？　全然知らんかったよ、ごめんね」

この電話は寺川家の皆を落ち着かせ、癒してくれました。


Kちゃんの存在も、私が理系に進む理由のひとつでした。彼女は親戚に医者がいて、当時から将来の夢は「医療系に進むこと」と言っていました。今は薬剤師になっています。

彼女は吹奏楽部で、私は陸上部。部活も違うし性格もまったく違うけど、仲良しでした。そして2人とも、なぜか勉強は頑張っていました。夢があったからかもしれません。定期テストの点数は必ずお互いに報告しあっていました。ライバルでもあり、大好きな友だちでした。もちろん今でも一番の親友です。

中学3年になると私は少し明るくなり、学校もそれなりに楽しかったような気がします。でも、やっぱり私にとっては学校より塾のほうが落ち着く場所でした。塾の先生の部屋には大学の名前が書かれた参考書、赤本がズラリと並んでいて世界が広がる気がしました。たばこ臭かったけど、先生と進路の話をしていたらわくわくしました。当時、高校生の先輩たちもよく出入りしていて、難しそうな問題を先生に質問しているのがかっこよくて憧れました。

早く高校生になりたい。大学ってどんなところなのかな？　いつもそんなふうに考えていました。

上京

高校時代もずっと、アナウンサーになるなら東京の大学！　と思っていました。でも、文理選択は化学が好きだったので、迷わず理系へ進みました。

ちなみに、気象学は物理の知識が重要ですが、実は物理は苦手でした。見事な赤点を取ってしまったとき、兄に「なんであんなに勉強しちょって、こんな点数が取れるん？」と心底驚かれたことをよく覚えています。

あと、歴史じゃなくて地理を選択しておけばよかったな。気象を勉強するならやっぱり地理ですよね。当時はどちらにもあまり興味がなく、どっちでもいいやと思っていました。得意な科目、苦手な科目の偏りが大きいタイプでしたが、念願叶って慶應義塾大学理工学部への進学が決まりました。

新しい生活にわくわくする一方で、ちょっと後ろ髪ひかれる思いがありました。

それは指定校推薦で進学が決まったためです。本当は国立大学を受験するつもりでいたのですが、地理の先生で当時、進路指導でもあった田坂祐治先生が、「マスコミに行きたいなら慶應がいいんじゃないか」とアドバイスしてくれたのです。高校2年のときの担任で、何でも話せる先生でした。だから先生には夢を伝えていました。マスコミ進学率が他大学よりも高いというデータを引っ張り出して、説得してくれたことを覚えています。

家に帰って、両親に相談しました。寺川家は「大学は国立」というルールがあったのですが、結局父親が許してくれました（ただし、私立大学と国立大学との差額は大人になって返すことという取り決めがなされました）。

皆が必死で受験というプレッシャーと戦っている中、私は突然プレッシャーから解放されたのです。進学が決まってほっとした一方、しこりが残りました。人生の中で、「大学受験」という大きなハードルを避けてしまった自分。この先たくさんあるだろう困難に立ち向かっていけるのか……と、不安な気持ちがありました。

そういう思いを強く抱いたのは、兄が二浪することを決意したからでもあります。行きたい大学を諦めきれず、二浪することにしたのです。

兄は私が上京する朝、眠そうな目をこすりながら「頑張れよ」と見送ってくれました。そして、私が東京に着くのを見計らったようにメールをくれました。

「最初からひとりで無理するな。東京には俺の友だちもおるから心配するな。最初のうちは人に頼って生きていけ」

東京に知り合いがいない私、寂しがりやで弱い私を気遣ってくれたメールでした。電車の中だったのに、涙と鼻水で顔がぐしゃぐしゃになりました。

「兄ちゃんも頑張っちょるんやけ、私も頑張らんといけん」、そう思いました。

方言コンプレックス

大学に入ってすぐに友人ができました。大人になってからもずっと付き合いのある大切な友人たちです。友人たちはほとんど帰国子女でした。

私は生まれてから今までずっと山口県育ち。一方で彼ら、彼女らは海外の複数の大都市に滞在経験があり、いちいち会話の中に英語を混ぜてくるのです。洗練された（?）会話の中で、とても山口弁を披露することはできませんでした。

山口弁ってどんなのかって？　少し紹介しましょう。特徴は語尾に「ちゃ」とか「ちょる」が付くことでしょうか。

「これ知っちょる?」（=これ知ってる?）、「ちょっと待っちょって」（=ちょっと待ってて）、「ちがうっちゃ！」（=違うよ）。

あとは、「すごく」「とても」を「ぶち」と表現します。「ぶちうまい！」（=すごくおいしい！）。あ、でも「ぶちえらい」と言われて、褒められたと勘違いしてはいけません。「えらい」は「疲れた」という意味です。つまり、「すごく疲れた」ということですね。

そのほか、意味が通じなくてカルチャーショックを受けたのは、「かるう」（背負う）です。「リュックをかるう」（＝リュックを背負う）。あとは「たう」もぽかん……とされました。これは「届く」という意味。「たわんけ、とって」（＝届かないからとって）。

ちなみに、山口県のゆるキャラの愛称は「ちょるる」と言います。山口の方言が語尾に「ちょる」と付くことが由来だそうです。

今となっては、「山口弁って意外とかわいいな」なんて思いますが、当時の私には堂々と、〝ちょるちょる〟言えるほど度胸はありませんでした。でも、標準語なんて今までしゃべったことがないのだから、もっとしゃべれません。

ということで、最初のうちはあまりしゃべらずにただニコニコしていました。

半年くらいたって、周りから時々こう言われることがありました。

「なっちゃんとMちゃんって、しゃべりかたがそっくりだね」

Mちゃんとは大学で一番仲良しだった帰国子女の女の子です。なるほど、友人から標準語を学ぼうとした私、いつのまにかしゃべり方までコピーしていたようです。そのときは、「そうかなー」なんて言っていたのですが、心の中では思いあたる節がある……と思っていました。

なにはともあれ、帰国子女の友人から標準語を無事に取得しました。

○○禁止サークル

大学では女子バスケサークルに入りました。「KGB」慶応女子バスケットボールクラブです。

中学、高校と陸上部だった私、バスケ初心者なのは私だけでした。でも皆、そんな私に一から丁寧に教えてくれました。

どうしてバスケットサークルを選んだのか。ひとつは体育の授業でおもしろかったので、ずっとやってみたいと思っていたのです。また、サークルでしたが練習はかなりきつくて、チャラチャラしていない雰囲気がいいと思いました。

ただひとつ、やっかい（？）なことがありました。それは、「敬語」が禁止だったのです。そして、名前は呼び捨てという決まり。

私、初心者なのに、先輩に向かっていきなり「ゆり、パス！」とか言わなければならないのです。最初はかなり戸惑いましたが、いつしか先輩に対して敬語を使わないということにすっかり慣れてしまいました。

後輩から「なつみ、遅い！」と怒られることも日常茶飯事。そういえば後輩によく教えてもらっていました。

バスケは楽しかったけど、思いのほかセンスがなさすぎました。球技って難しいんですね。でも、最後の夏の合宿で「一番努力をしたで賞」みたいなのをもらって、すごく嬉しかったのを覚えています。このサークルに入ってよかったと思います。

ただ、おかげで私は今でも敬語を使うのが苦手です。特に女性の先輩には親しくなると、調子に乗ってすぐ馴れ馴れしくしてしまいます。親しき仲にも礼儀あり……気をつけます!!!

本当にリケジョ?

私は理工学部応用化学科という学科に進みました。

理工学部のキャンパスは駅からやや遠く、急な坂があるので理工学部女子は皆、たいていスニーカーでリュックというスタイルでした。おしゃれした記憶はあまりありません。実験の際には、白衣と保護メガネが欠かせないアイテムでした。

白衣はドラマのようなかっこいいのを想像してはだめです。ボタンは上から下まできちっと留めなければなりません。そして、でっかい水中メガネのような保護メガネを付けるので、まるで白い昆虫のようでした。

大学に入るまで気づかなかったのですが、私は実験がとても苦手でした。おおざっぱな性格なので、薬品を小数点単位で計量するというのが苦痛でした。せっかちな性格でもあり、「ゆっくり撹拌しなさい」と手順にあっても、ついつい高速でかき混ぜていました。

この過程をおろそかにした結果、あわやピンチとなったことがあります。顔の前でまるで漫画のようにビーカーの中の薬品たちが小爆発を起こしたのです。保護メガネをしていなかったらと思うと……。リケジョの素質はどうやら私にはなかったようです。

ダメ就活

大学3年生、就職活動の時期はあっという間にきました。

サークルに精を出し、苦手な実験にいつもあたふたしていた私は、いつの間にか周りが就職活動モードになっていたので焦りました。

と、とりあえずアナウンサー試験受けよう！　そんな感じでした。慌ててエントリーシートを書いて、自己分析など仲のよい友人に手伝ってもらいました。

今でもよく覚えているのが、友だちのこの一言。

「日本の大学3年生ってみんな就活レースだね」

ちなみにその友だちは、自身で起業する道を選びました。就活レースには加わらず、自分のやりたい道を切り開いています。

当時の私は間違いなく、就活レースのビリを走る学生だったと思います。OB、

ＯＧ訪問もろくにせず、憧れていたアナウンサーという職業が一体どんな職業なのか、詳しく知ろうともしていませんでした。

アナウンススクールとやらにも短期で通ってみたのですが、アナウンスはダントツ下手で、スクールに通うのが嫌だと思っていました。

そんな状態で受かるはずがないですよね。アナウンサー試験は全部一次面接で落ちました。そのほか、ちょっとでも興味のあるところにエントリーシートを出しまくりましたが、ことごとくダメでした。

はい、これがいわゆる「ダメ就活」の典型です。さすがに自分が情けなくなりました。


そんな中、さらに劣等感を抱く出来事がありました。仲良しグループの友だちのひとり、新井麻希ちゃんが民放キー局のアナウンサーに見事合格したのです。

彼女がとても輝いて見えました。

「いいな……」と羨む私に、友だちのこの一言。

「マキは就活、頑張ってたと思う。でも、なつみは全然頑張ってない」

——頑張るって、いったいどう頑張ればいいの？　私にはさっぱりわかりませんでした。アナウンサー就職が決まったマキちゃんにアドバイスを求めました。彼女は親身になって相談に乗ってくれました。

マキちゃんといえばサッカーです。運動神経抜群で、サッカー部キャプテンとしてチームを引っ張っていました。「私にはサッカーしかないと思って、とにかくサッカーだけはできるとPRしたよ」と教えてくれました。

なるほど。自分にはこれがある！　という強みが必要なのだと思いました。でも、どう探しても自分にそのような強みなどありません。あー、大学1年に戻って、もう一度学生生活をやり直したい……なんて思いながら途方に暮れていました。

その後もなかなか就職は決まりませんでした。就職試験に落ちるたびに、「自分には認めてもらえるものが何もない」と、ますます自信をなくしたのであります。

就職、そして資格との出会い

私は銀行に就職することになりました。

どうして銀行かって？　いや、それは……唯一採用してくれたのが銀行だったのです。ずっと学生気分が抜けなかった私ですが、社会人になり、はじめてお給料をいただいたときに当たり前のことに気づきました。

「お金をいただくからには精いっぱい働かなくてはならないのだ」と。そう思えば思うほど、「このままじゃいけない」と思いました。

何のために高い学費を出してもらい、理工学部で勉強させてもらったんだろう。私って何がしたいんだろう。何ができるんだろう。

焦る毎日でした。そして、自己啓発本を読みあさっていました。

春が過ぎて、次の季節へ移りかわろうとしていた時期だったと思います。本屋さんで「活躍している女性特集」みたいな記事が目に留まりました。

わらにもすがる思いでその記事を読んでいたら、ふと「気象予報士」という欄に目が留まりました。どうやらこの資格、テレビやラジオで活躍することもできるようです。

――。

なんとなくアナウンサーになりたいと思っていた私。

なんとなく理系の勉強が好きだった私。

――。

これだ！　と思いました。

2つの興味が合致した資格。私にぴったりの資格だと思いました。

そのときの私、とにかく自分に自信がほしかったのです。難関といわれる資格を取れば、「頑張った証」をもらえる気がしました。ダメダメな自分に終止符を打ちたかった。

目標が見つかった私、ようやく一歩踏み出せた気がしました。

両立するもたったの1年で……

私は銀行の仕事をしながら、気象予報士の資格を目指すべく、生活スタイルを変えました。朝4時に起きて2時間は勉強する！　というのを目標にしました。朝7時に仕事へ出かけ、帰ってくるのはだいたい夜9時くらい。そして、ごはんを食べて、お風呂に入ってもう夜11時くらい。ヘトヘトですが、その後は銀行の仕事に関する資格の勉強をしていました（新人はいくつかの資格を取得しなければならなかったのです）。寝るのはいつも深夜0時を過ぎていました。

気象の勉強は楽しかったけれど、やはり両立はきつかったです。社会人1年目です。覚える業務は山ほどあり、片手間に他の資格試験に手を出している余裕はありませんでした。

が、体のきつさと逆行するように気象の勉強にのめりこんでいました。もう、この資格しか自分にはないと思っていたのです。

でも、頑張りすぎて気持ちに余裕がなかったのでしょう。職場でうまく人間関係を築くことができずにいました。だから昼休みも、ひとりでこっそり気象の本を開いていました。こっそり開いていたのに、ばれていました。ますます孤立してしまったのは言うまでもありません。


そんな中、大学時代からお付き合いしていた人にフラれました。とうとうひとりぼっちになった気がしました。

実はこのころの私、毎朝、泣きながら母親に電話していたのです。通勤時、最寄り駅まで歩く時間、毎朝欠かさずです。さぞ迷惑だったと思います。ごめんなさい、お母さん。

母親はいつも私の泣き言を聞いてくれて、必ず最後に「しっかりしなさい！」と言っていました。


結局、私はたった1年で仕事を辞めました。貯めたお金で東京でアルバイトしながら勉強しようと思ったのですが、父親に強く反対されました。

「銀行の仕事を辞めるなら実家に帰ってきなさい」

父親は娘には地元にいてほしいと思っていたようです。

しかし、母は違いました。実家に帰ってからもずっと厳しい顔をしていたと思います。

「いつまでもここで勉強させてあげられるわけじゃない。メリハリつけてやりなさい」

正直、時間があればすぐに受かると思っていました。しかし、それは甘かった。

私は実家に帰ってから合格するまでに2年もかかったのです……。

第2章

6回目の気象予報士試験

気象予報士試験とは

ここで、気象予報士試験について簡単に紹介しましょう。

気象予報士になるには、学科試験を合格し、1年以内に実技試験を合格する必要があります。学科試験とは、①一般知識、②専門知識があります。

「一般知識」と「専門知識」って何？　っと疑問に思う方も多いと思います。あくまで私のイメージですが、例えるなら「一般知識」は、中学校や高校で習う理科みたいな感じです。

気象の現象ってどうしてこうなるの？　と疑問に思うことが解決できるので、理科が好きだった人は楽しいと思うはず。数式を用いますが、高校基礎の物理や化学の知識があれば大丈夫です。身近な気象現象を数式を使って解決できたときは快感ですよ。

さて、私にとって難しかったのは「専門知識」でした。「専門知識」は実用的な内容が問われます。例えば、気象の予報に使うレーダーや雲画像などに関する知識です。

数値予報モデルの原理や特性についても問われます。数値予報って何？　モデルって何？　ってな感じですよね。

天気予報はそれはそれは膨大な物理量を扱うため、まずはスーパーコンピューターが計算してくれます。1秒間に数百兆回とかいう想像もつかない速度で計算してくれる優秀なコンピューターです。えっ、コンピューターが計算してくれるなら、気象予報士はいらないんじゃないかって？

コンピューターの計算にはいくつか種類があります。つまり答えも複数あります。計算結果がどれも同じなら答えは簡単ですが、異なるときはみんな頭を抱えるのです。ここが人間、気象予報士の手腕が問われるところです。

こんなふうに、天気予報に関する専門的なことをたくさん聞かれるのが「専門知識」です。

「一般知識」は学生時代の理科の授業のようですが、「専門知識」の内容はいきなり気象庁の職員にさせられて、いろいろと質問されている感覚です。こんなの気象オタクじゃないんだからとわかるわけないっ！　と、いつも参考書にやつあたりしていました。わからないから興味がわかなくて、覚えるべきこともまったく覚えられませんでした。

特に私、カタカナを暗記するのが苦手です。アメダスとかレーダーとか。ほら、「専門知識」にはカタカナがたくさん出てくる。

高校時代、世界史のテスト前、カタカナがあまりに覚えられなくて途方に暮れたのを覚えています。そんなとき、父が『マンガでわかる世界史』を買ってきてくれました。このときも『マンガでわかる！　専門知識』がほしいと心から思いました。

実技試験は、実際に天気図を見て予報をします。筆記試験です。「こう判断した理由を80字以内で説明しなさい」といった具合です。

天気図といってもテレビに出てくる天気図だけではありません（テレビでよく見るのは地上天気図といいます）。実際にはさまざまな種類の天気図があります。それらを立体的に組みたて、イメージし、天気を予想するのです。

私は合格するまでに3年、計6回受験しています（1年に2回試験があります）。「専門知識」がなかなか受からずに、やっと受かっても結局、実技がダメだった……みたいな繰り返しでした。

試験に落ちるたびに、もう一生受からないのではないかと不安になりました。最初の1年は「気象業務支援センター」で学科（一般と専門）の講座を受けていました。実家に帰ってからは通信講座で実技を勉強しました。

通信講座でお世話になったのは、「気象予報士試験受験支援会」の荒山幸裕先生です。荒山先生はとてもわかりやすく教えてくれる先生でした。もっと早くからこの先生にお世話になれば、合格への道も早かったかな？　と思います。

先生は試験前に、福岡でスクリーニング授業を開催してくれたので、実際にお会いして教えてもらうこともありました。気象の専門家に直に教えてもらうこと、

「気象予報士試験に受かりたい！」と同じ気持ちを持つ人たちが集まる場に行くことは、刺激をもらい、モチベーションも高まるのでいいと思います。

先生が話してくれた内容で、とても印象に残っていることがあります。
「気象予報士の資格を取ったばかりの人と気象庁の予報官は、例えるなら普通の運転免許を持っている人と、F1レーサーかな」
そのときは、「気象予報士試験の勉強ってこんなに難しいのに、さらにその先のレベルがあるのかー」と思っていました。当時は何でもいいから受かりたいと思っていました。今なら先生の言葉の意味がよくわかります。予報士試験の勉強は難しいけれど、やはり基礎です。ただ、その基礎がつかめると、さらなる世界が見えてきます。それはもっと複雑だけれど、もっともっと魅力ある世界です。

私にとって気象は恋愛に似ているかもしれません。付き合うきっかけは、ちょっとおもしろそう、自分に合いそうだなと思ったから。でも、実際付き合ってみると難しく、ちょっと嫌になります。

けれど、いつからか見方が変わります。あれ？　アナタ、やっぱりおもしろくて魅力的⁇　そうか、今までの私には気づく力が足りなかったのね。

今となっては、休みの日にずっと天気のことを考えていても飽きません。ただ、そんなふうに心から気象をおもしろいと思えるようになったのは、つい最近です。それは気象予報士の勉強を始めてから、ひい、ふう、みい、10年以上経ってる!!!　そう、それまでの道のりは本当に……長かった。

なかなか受からない！

仕事を辞めて実家に帰った私。最初は正直、仕事のきつさから解放され、ほっとしていた部分がありました。でも、年をとってきた親が朝、私よりも早起きして仕事に出かけるのを見ると、胸がちくちくするようになりました。

「私、このままでいいのかな？」

そんな思いがよぎるたびに、「絶対に試験に受からなくては」と思うようになり、いつのまにかプレッシャーが大きくなっていきました。

しかし、たっぷりある時間を私は有効に使うことができませんでした。集中力が続かないのです。だらだらと夜遅くまで勉強し、案の定、昼間は机の上で寝ていました。

勉強場所を自分の部屋、リビング、近くの図書館などと変えてみたりしたけれど、あまり効果はありませんでした。実家という緩い環境の中で勉強をしていたので、切迫感が足りなかったのかもしれません。眠たいときにはしっかりと寝て、ちゃんとメリハリを付ければよかったんですよね。

勉強の効率が悪いと自覚した私は、このころハウツー本を読み漁っていました。

「どうしたらいいんだろう？」

いろいろ読んでいると、私の勉強スタイルは「勉強のできない人の典型」だということがわかりました。一番よくないのは、わからないところにいちいちつまづく点です。

銀行の仕事をしながら勉強していたころは、時間が限られていました。だからこそ、わからないところは飛ばし、ざっくり理解しようと努めました。これは正解だったと思います。全体像をつかむのが早く、理解がスムーズでした。

ところが、実家に帰ってからの勉強法がダメダメでした。たくさん時間があったばかりに、わからないところをひとりで延々と考えていたのです。細かいところばかりにつまづいて、結局、全体像をつかめないままでいました。

極めて要領が悪かったのです。そんな私のおすすめの本は、安河内哲也さんの『できる人の勉強法』（中経出版）です。ぜひ、試験勉強の効率が上がらないと悩んでいる方は読んでみてくださいね！　吉田たかよしさんの『最強の勉強法』（PHP研究所）もおすすめです。

気象でおもしろいと思った本は最後のページに記しますね。最初はこの本で！というより、そのときの自分のレベルに合わせて、ざっくり読んでみるのがいいのかなと思います。だんだん重要な部分がどこなのかわかってきます。

ただ、本だけで理解しようとするのはダメです。天気予報を実践してみてください。気象庁のＨＰでは衛星画像やレーダー、アメダスなどたいていのデータを見ることができます。それをもとにまず、今の天気がどうなっているかを把握しましょう。その作業はとても大事です。それができて、はじめて未来のことを予報できるのです。

予報に使う解析資料もＷＥＢで手に入りますから、自分なりに解析してみてください。最初は難しいですが、それでいいのです。どんどん疑問を持ってください。その疑問を参考書でなんとか解決してください。そうやって能動的に本を活用することが真の理解につながるはずです。


なんだかえらそうに述べてしまいました。人は反省から学ぶのですね。当時の私に教えてあげたいことばかりです。

そういえばこの時期の私、よく「金縛り」にあいました。日中、眠っちゃダメだと思いながらうたた寝していると、必ず……です。あたりは真っ暗。体を動かそうしてもびくともしなくて、どうしよう、どうしようと泣きそうになると、ふっと、金縛りが解けるのです。

今までの人生を振り返っても、この現象はこのときだけです。そう考えると、やはり精神的には追い込まれていたようです。

走るは癒し

精神的には浮いたり沈んだりと波のある日々でしたが、走るという趣味があったのはよかったと思います。

私が下関の実家でよく走るのは、関門橋への海コースと、四王司山への山コースの2つあります。この時期はよく山コースへ行っていました。

一番好きな季節は夏ですが、夏山は要注意。ランニング中、雷の恐怖を体験したことがあります。みるみるうちに辺りが暗くなって、後ろから短い間隔でどんどん雷の音が近づいてくるのです。猛ダッシュで山を下ったのを覚えています。天気があやしいときは（大気の状態が不安定と言います）、絶対に山へは行くまいと誓いました。

でも、天気がいいときはサイコーですね。山の緑が強い日差しを遮ってくれ、頂上まで行くとキラキラした穏やかな海が見えるのです。

山は春、夏、秋、冬、と明瞭に変化を見せてくれます。冬の山口県は内陸部ではかなり雪の積もるところがあります。海に面した下関は内陸ほど気温は下がりませんが、吹雪くことはよくあります。吹雪の中でもランニングに出かける自分は、けっこうストイックだと思います。

日本海にも瀬戸内海にも面している下関は、少し場所が違うだけで日本海側の気候だったり、瀬戸内の気候だったりします。私が住んでいる地域はその境のような気がします（憶測ですが……）。気象の勉強をするまで地元の天気をそんなふうに見たことがなかったので、学生のころよりもずっと、外を走る楽しさが増えていることに気づきました。

また、走ると、もやもやとした感情が整理されることがあります。あれは4回目の冬の試験が終わり、春先に不合格通知が届いたころだったでしょうか。元気が出ずに、ただ黙々と走る日々が続いていました。

休憩中ぼーっと見上げていると、ふと桜のつぼみがいつの間にか膨らんでいることに気づきました。サクラサク。いや、私には咲かなかったなぁっと。でも、なんだか少し癒されたことを覚えています。

働かざるもの食うべからず

さて、実家に帰った私、周りの反応はどうだったのでしょうか。
東京の友だちはときどき電話をくれて、「再就職が難しくなるから、早いうちに正社員としてどこかで働いたほうがいい」と心配してくれる子もいました。

一方、私の親は「早く再就職を見つけなさい」と、焦らすことは決してありませんでした。父親はずっと実家にいてほしいと思っていたのかもしれません。

母親は普段、厳しいのですが、世間体は気にしない人です。むしろ私がくよくよしていると、「頑張っとることがあるなら、堂々としときなさい！」と檄を飛ばされました。

「そ、そうだ。自分が決めたことなんだ」と気持ちを奮い立たせようと思うのですが、結果が出ずに不安はどんどん大きくなっていきます。

どうしよう。このまま、私の人生、どうなっていくんだろう……。なんとかなるだろうと突っ走ってきた私。まったくもって、なんとかならない現実に戸惑っていました。

そんなある日、母方の祖父に言われた言葉があります。ふたりで一緒に散歩をしていたときに、勉強の調子はどうだとか、そんな話をしていたと思います。そのとき祖父がぼそっと言ったのです。

「働かざるもの食うべからず」

祖父はそれ以上は何も言わず、体ののびをしながらのんびり歩いていました。

私は昔からおじいちゃん子です。普段は無口ですが、私を見るといつも嬉しそうな顔をしてくれます。走るおじいちゃんが自慢で、私も陸上を始めました。

昔、母親から「じいちゃんはね、勉強が好きやったけど、戦争とかいろんな事情で進学できんで、働かんといけんかったんよ」と聞いたことがありました。また、私と兄がふたり同時にお金のかかる理系、私立大学に通わせてもらえたのは、祖父母の援助があったからだと両親に聞いていました。

「じいちゃんやばあちゃんも、あんたたち（私と兄）に思いきり勉強させてやりたいと思っちょるんよ。だから応援してくれるんよ」

東京の大学で勉強させてもらった私、社会人になったと思ったら1年で戻ってきた私。資格試験にいっこうに受からず、すねかじりの私。私は祖父に会わせる顔がないと落ち込みました。祖父だけではありません。親戚や友だちにも会うことにためらいを持つようになりました。

でも、仕事を辞めて実家に帰る決断をしたのは自分です。資格試験に受かると決めたのも自分です。とにかく決めたことに向かってやるしかありませんでした。

「働かざるもの食うべからず」

この言葉は今でも私の心に深く刻まれています。

塾のアルバイト

実家に戻ってから、たっぷりの時間がありました。しかし、そんなに時間があっても集中力は限られていることがわかりました。勉強するにはこの先も参考書や通信講座など、もろもろお金がかかります。よし！　アルバイトをしよう。ということで、選んだのが塾講師です。

塾講師を選んだことにたいした理由はありません。大学時代にも経験したことがあったので、これならできると思ったのです。小学生から高校生まで教えていました。

クラス制で、多いクラスには30人くらいの生徒がいました。そつなくこなしていたと思います。ある日、授業と授業の間の時間、生徒がいないところでぼーっとしていました。すると、他の先生に「もし余裕があるなら、こういう時間に生徒に話しかけてみて」と言われました。

はいはい、コミュニケーションね。クラスには30人の生徒たち。いろんな子がいます。おとなしくて、下ばかり向いている子。塾なんてほんとは来たくないと机に突っ伏している子。話しかけても「誰？　このおばさん」みたいな顔で一瞥する子。

正直、心の中で「こんにゃろー」と思います。でも「仕方ない、これも仕事だ」と諦め、とにかく話かけました。

すると、だんだんわかってきたことがあります。子どもって話しかけられると嬉しいんですよね。ちょっとずつ私の話にクスって笑ってくれたり、ぼそっと質問してくれたり。こうなると、こちらも嬉しくなります。

授業の内容も工夫するようになりました。どうやったらわかりやすく伝えられるんだろう。自分は皆と同じ年のとき、何につまづいていたのかな？ 昔、通っていた塾でもらった教材を引っぱり出して参考にしたりもしました。

彼ら彼女らの目線にたって、難しい言葉は使わない。なるべくやさしい言葉で説明することを心掛けました。わかりやすいたとえ話を使って興味を引きつけるようにしました。

子どもたち自身にも考えさせます。わかった！ という感覚は、自信や興味にもつながります。そして、とにかくいっぱい褒めました。私自身も褒められると嬉しくてやる気が出るからです（笑）。

このときの経験は、今の仕事にも役に立っています。わかりやすく伝えたい。その原動力は塾講師のときに培われました。

ただ、塾の仕事はいつも順風満帆……というわけでなく、内心、冷や汗をかくこともありました。特に受験生からの質問。わからないときはこっそり解答を見ていました。そんな姿は子どもたちにバレバレ。

「あ、先生もわからんのやね」と言われ、「ちがうちがう、確認しとるだけ」と言う自分は、ただただ情けなかったです。


そんなあるとき、社長に呼ばれました。ん？　解答見ながら教えてたから怒られる？　すると、まったく違う話でした。

「正社員にならないか」

社長は私の子どもの接し方について褒めてくれたのです。……予期せぬ話だったのでびっくりし、そして涙が出そうなほど嬉しかったです。

たった1年で銀行の仕事を辞めた私。こんな自分はこれから先、社会人としてやっていけるのかな？　という不安がずっとありました。でも、私にもできることがあるんだ。必要としてくれる場所があるんだと感謝の気持ちでいっぱいになりました。

ただ、正社員になることは慎重に考えなくてはと思い、結局はお断りしました。

また途中で辞めることになったら大変迷惑をかけてしまうからです。

その日の帰り道、月がとってもきれいでした。灯りが少ない田舎道を歩きながら、月ってこんなにきれいだったんだなぁっとぼんやり思いました。

支えてくれた人

私が気象予報士試験に合格できたのは家族のおかげです。試験に落ちるたびに私が真っ先に電話していたのは当時、大学院生だった兄でした。二浪経験者の兄ほど、私の辛さをわかってくれる人は他にいないと思ったのです（まぁ私が覚えているかぎり、兄は二浪が決まった日も、ケロリと晩御飯を食べていましたけど）。

そして、何より感謝しなければならないのは両親です。社会人になっても勉強したいというわがままを聞いてくれた親には頭が上がりません。

ただ、両親はずっと実家で勉強することを許してくれていたわけではありません。「2年間」という期限付きだったのです。それは母親が言いました。

どうして母は2年と言ったのか。たぶん兄が2年間、浪人生活をしたからだと思います。兄が二浪したいと言ったとき、誰よりも兄を応援したのは母でした。「本人に頑張る気持ちがあるならやらせてあげたい」と、母は父を説得していたのを覚えています。

ただ、私は兄のように強くありませんでした。マイペースで穏やかな性格の兄は、家族にイライラをぶつけることなんてありませんでした。しかし、私は試験に落ちるたびに、わかりやすくへこみ、挙句だんだんとイライラすることが多くなりました。


あれは5回目の試験に落ちて、少し経ったときのことだったと思います。ささいなことで両親と大喧嘩をしました。

理由ははっきりと覚えていませんが、そもそもの原因は私のやつあたりだったと思います。言い合いはどんどんエスカレートしました。私のあまりの癇癪にたまりかねた両親は、「出ていきなさい！」と怒鳴りつけました。それを言われてくやしくて、自分の部屋に閉じこもって泣きました。

本当は自分が泣いている理由はわかっていました。怒鳴られたからではありません。いろんなことが思うようにいかなくて、先が見えなくて、きつかったのです。

いっぱい泣いたら落ち着きました。そして、言わないといけないと思いました。

一階に降りて、親に頭を下げました。

「次は必ず受かるので、もう少しここで勉強させてください」

深々と頭を下げたら、さらに涙が出てきました。

父は「やれるだけやってみなさい。応援するから」と言ってくれました。母も父の横でうなづいてくれました。

転機

6回目の試験を目前に控えていたころのことです。高校時代からの友人であり、マスコミで働く友人から一通のメールが届きました。それは、「鳥取でキャスターを募集しているから受けてみないか」という内容でした（気象キャスターの募集ではなく、情報番組のキャスターの募集とのことでした）。

彼は、私が高校時代にアナウンサーになりたいと言っていたのを覚えてくれていたのです。さらに、そんな私が実家に戻って資格試験の勉強をしていることを風の噂で知り、声をかけてくれたようです。

今思うと、これが現在の仕事につながる大きな転機だったと思います。夢ってちょっと恥ずかしかったりもするけど、人に語っておくべきですね。それだけ応援してくれる人が増えるからです。

ただ、当時の私はちょっと悩みました。そのころ、なんとなくですが将来は子どもと接する仕事がしたいなと思っていたのです。いったんは塾講師の正社員の話はお断りしたものの、教育現場で働く自分の姿をぼんやり想像していました。

でも、マスコミはずっと憧れていた世界です。どんなものなのか知りたいという気持ちもありました。わざわざ声をかけてもらったことだし、受けるだけ受けてみようかなと思いました。父も母も賛成してくれたので、さっそく書類を送りました。


面接の日はクリスマス前、山口も寒かったけど、鳥取はもっと寒かったです。風邪気味でせきが止まらず、体調はよくありませんでした。

久々の面接。大学時代のダメ就活を思い出し、少々不安になりました。でも、風邪気味で頭がぼーっとして、逆にマイナス思考になる余裕はあまりありませんでした。むしろ少しハイになっていたかもしれません。

さらに面接で聞かれた内容が、塾の仕事や気象のことだったのでペラペラと言葉が出てきました。カッコイイことはひとつも言えませんでしたが、自分の気持ちを正直に話せたので、すっきりした気分でした。

帰りの新幹線の中でうとうとしていたら、合格の電話がきました。あっという間に進路が決まったのです。このとき、嬉しい気持ちとともに少し不思議な気持ちになりました。大学時代にダメ就活を経験し、「面接に落ちる」という経験ばかりしてきた私。鳥取での面接でも特にPRできるものはありませんでした。

今回と学生時代のダメ就活、何が違ったのかな？　もちろん相性とかご縁とかそういうものもあるでしょう。そのほかの理由、私自身の変化を挙げるとするなら――このときの私には胸を張って「これが好き」と言えるものがありました。気象と塾の仕事です。

思い通りにいかないことだらけで不安があったけれど、「夢中になって頑張れるもの」を私は2つも見つけていたんだなと思いました。

家に帰り、父と母が「良かったねー」と喜んでくれる姿を見て、より嬉しさが込みあげました。いや、ほっとしたという感情のほうが大きかったかな。資格試験にはまだ受かっていないのに、急に大きなプレッシャーから開放された気分でした。

合格通知⁇

2008年1月、6回目の試験を終えました。2月にはお世話になった実家を離れ、鳥取でキャスターとして仕事をするための研修を受けていました。まだまだ雪が舞う寒い季節でした。

合格発表は3月。それまでの私の毎日はバタバタでしたが、いつも「落ちたかな？　受かったかな？」と心の中にありました。

合格発表の朝がやってきました。「落ちたらまた受けよう。また受ければいいんだ」と思っていたものの、やはりドキドキで早く目が覚めました。

ほどなくして、電話が鳴りました。ん？　誰だろう⁇　実家、下関の郵便局からでした。

「寺川奈津美さん宛てに合格通知が届いていますが……」

え⁉︎　今、合格通知って言った？　私は高鳴る胸の鼓動を抑え、聞き返しました。

「合格通知ですか？」

すると、「あ!!!　すみません。合格通知じゃなくて、合否通知でした」

こんな間違いってありですか⁇　ショックを受けつつ、

「あのー。その郵便物って分厚いですか⁉︎」

合格者には、たくさんの資料が送られてくるため、分厚い郵便物が届くと聞いていたのです。でも郵便局の人は、はっきりとこう言いました。

「いえ、ものすごくペラペラです」

電話を切って、しばらくうなだれ、そして母親に電話しました。

「今回もダメだった……」

仕事の昼休憩中、とぼとぼと外を歩いていました。あたりはすっかり春めいていたのに、私の心はどんよりで深くため息をついていました。

すると電話が鳴りました。母親からです。慰めの電話かな？

母親は、「もしもし？　ねぇ、これ、合格って書いてあるよ」と言いました。

私はもう騙されまいと、

「違うよ、それはね、学科が合格って意味と思うよ」

「そうなの？　でもこれ、合格っぽいけど違うのかな？」

あまりにそう言うので、ん？　と思い、

「……ほんとに合格って書いてある？」

母の手元にあったそれは、間違いなく合格通知でした。あのとき見上げた空の景色、今でもはっきりと思い出せます。

「やったー！」

3回目のやったーで泣き崩れました。

母親は「ほら、しっかりせんと」と言っていました。社会人1年目のときも、こうやって私は電話ごしに泣いていたなと思いました。でも、このときはうれし涙です。ようやく少し、親を安心させることができました。

その日の夜、再び母親から電話がありました。

「お父さんはね、合格って知って、職場で泣いたらしいよ」

気象予報士試験に合格できたのは家族の支えがあったからです。仕事で辛いことがあっても家族のことを思うと頑張れます。

ただ、私が気象キャスターとして仕事をするのはもう少し先のことなんですけれどね。

第3章

鳥取でのキャスター時代

コンプレックス

気象予報士に合格したことは鳥取の職場の皆さんも喜んでくれました。しかし、私は気象キャスターとして採用されたわけではありません。昼の情報番組のキャスターとして採用されたのです。さらにキャスターといっても、放送に出ていない時間はカメラと三脚を持って取材に出かけ、局に戻って編集するという、いわゆる放送に出すまでの一連をすべて任されていたのです。

研修中は覚えることが膨大にあり、忙しく、試験に合格した喜びに浸れたのは束の間でした。カメラも編集機の使い方も、映像のつなぎ方も最初はさっぱりわかりません。そもそも取材先なんてどうやって探せばいいんだろう?

新年度の番組が始まるまでのわずか1ヶ月ちょっとの間、引き継ぎの先輩にびしばし鍛えられました。ちゃんとひとりでできるようになるのかな……。

アナウンスの特訓も受けていました。語り手ですからね。ここは外せないスキルです。が、しかーし、苦行でした……。

うすうす感じてはいたのですが、私、アナウンスがとても下手だったのです。ちょっと下手……というレベルではなく、かなり下手だったのです。

「俺は最初、びっくりしたね。こんなアナウンスの下手な子、採用して大丈夫かなーって思ったよ。はっはっは」と言う人もいました。

特訓は続きました。

「音が違う」「この音だして」「ここは半音下げて、つなげて」

さっぱりわかりません。困っていると、こう聞かれました。

「ねぇ、歌うまい?」

「いえ、下手です」

「やっぱりね」

アナウンサーは音を聞き分ける力を持っているから、歌がうまい人が多いそうです。たしかに私の統計によると、それは間違いありません。アナウンサー皆でカラオケに行ったとき、皆びっくりするほど歌がうまかったです。

帰り道、「寺川、お前には宇多田ヒカルの歌は難しすぎる」と言われました。

それ以来、一度もカラオケには行っていません。

さらに私、自分の声がとてもコンプレックスでした。レコーダーで自分の声をはじめて聞いたとき、びっくりしました。

「私ってこんなにもぶりっこな声してるのか……」

アニメ声というか、甲高い声がとても嫌だったのです。語尾を上げる甘えたしゃべり方がそれをさらに助長させていました。声も発音も発声もすべて一から叩き直す必要がありました。


いつも記者さんが書いた複数の原稿を使って練習していました。一文読むたびに、「違う」「もう一回」の繰り返しです。

指摘される違いがわからないので、時間を費やして練習しているのにまったくうまくなりませんでした。あるとき、こう言われました。

「天気の原稿だけは聞き取りやすいな……」

天気の原稿は、ちゃんと内容を理解しているから、私はきちんとアナウンスできているのだそうです。はじめてアナウンスの練習中に「なるほど！」と思いました。

私は気象予報士なので、気象に関する原稿であれば、最も注意を呼びかけたい部分や背景がよくわかります。それが適切な間合いや抑揚を生み出すことにつながっていたのです。

それからは、とにかく「内容を理解する」ということだけを徹底することにしました。そのころからアナウンスの特訓中に指摘される回数が少し減ったように思います。大嫌いだったアナウンス特訓が少しだけ苦にならなくなりました。

もちろんすぐにできるようになったわけではありません。担当する番組が始まってからも、しばらくはカメラの前でカミカミの状態が続きました。視聴者から「寺川さんは今日、15回も噛んでいた」と厳しいお言葉を頂戴することもありました。

どうしたら噛まないでスムーズに伝えられるんだろう。すっかり自信をなくしていると、見かねた上司が声をかけてくれました。

「噛むことが悪いわけじゃない。でも噛んだら誰が困る？」

「えっと視聴者です」

「そう。せっかく見てくれている人が聞き取りにくくなる。だったらやっぱり噛まないほうがいいよね」

この言葉を聞いて、重要なことに気づきました。噛んだ自分、噛まない自分、それが問題ではないのです。カメラの向こう側の人にちゃんと伝えられているか、そこが一番重要なのです。そう考えて放送に臨むと、少しずつですが噛む回数が減ってきました。


もちろん今でも、イントネーションや言葉遣いなど、注意を受けることは多々あります。直せるところは直します。でも正直、開き直っている部分もあります。できないものはできません。

それよりも大事なのは、ちゃんとカメラの向こう側の人たちを想像できているかどうか。その人たちに今日は何を伝えたいのか。それだけは忘れないようにしています。

子ども番組

「子どもの番組をやりたいです!」

新年度の番組で新しいコーナーを立ち上げようということになりました。私はすぐに実家で教えていた塾の子どもたちのことを思い出しました。鳥取でも子どもに関わる仕事がしたいと思ったのです。

コンセプトは「頑張っていることもたちを応援する」です。上司もいいね!と言ってくれました。

私はこの番組を通じて「放送っていいな」と感じることが何度もありました。

ある校長先生が、放送後に長文のメールをくれたことがあります。校内のなわとび大会を取材したときのことです。

チーム対抗の長縄とびで、なかなかタイミングが合わない子どもがいました。彼だけ何度も失敗していたけど、次こそは飛んでやる！　と果敢に挑戦していました。最後の最後で長縄とびをくぐれたときは、クラスの皆から歓声が上がっていました。学校生活のほんの一コマ。ほんの数シーンでした。

実は何度も失敗していた彼は、校長先生自身がいつも気にかけていた子どもだったそうです。「テレビで頑張る姿を取り上げてもらったことによって、大きな自信になったようだ」と言ってくれました。

一方で視聴者からは「頑張る姿がとてもよかった」などのお便りをいただきました。取材相手も視聴者も両方がハッピーになれるなんて、なんて素敵な仕事なんだろうと思いました。

私は取材にのめりこむようになりました。この番組を通して、私は世の中には「伝えたい」と心から願っている人がいることを知りました。

障害がある子どもたちのスポーツのイベントを取材したときのことです。子どもたちのお母さんはいろんな思いを話してくれました。

その中で印象に残っているのは「ウチの子どものことをもっと知ってほしい」という言葉です。お互いのことを知れば、距離はぐっと近くなりますよね。お母さんたちの思いを形にしたいと思い、取材を重ねました。限られた時間の中で私なりに丁寧に心を込めて映像をつなぎ、コメントを作成しました。

できあがったVTRを放送前にチェックしてもらうことを、試写といいます。「早く放送して、お母さんや子どもたちに見てもらいたいなー」なんて思いながら上司に試写をしてもらっていました。しかし、私の呑気な思いとは裏腹に上司の顔がみるみる変わりました。そして、きつく怒鳴られました。

「お前は障害がある人のことをまったくわかっていない!」

私がVTRの中で使ったある表現が、無神経だと言われたのです。自分はそんなつもりはまったくありませんでした。しかし、取材が足りなかったり、理解できていない部分があると、人を不快にさせたり、ときには傷つけてしまうこともあるのだと知りました。

結局は、その上司が手直ししてくれたおかげで無事に放送することができました。放送後、お母さんたちから「放送してくれてありがとう」と言ってもらえました。その言葉をいただき、救われた思いがしました。

ただ、私はそれ以来、放送を通じて表現することが少し怖くなりました。特にデリケートな内容は生半可な思いで手を出したらダメだと思ったのです。

しかし、その後しばらくして、もう一度「伝えたい」と強く思う出会いがありました。

出会ったのは、中井まりさんという女性です。まりさんの息子、耀《よう》くんは当時小学6年生。耀君は、2歳のときにムコ多糖症Ⅱ型と診断されました。

ムコ多糖症とは、成長するのに伴い、骨や関節が変形し、内臓や脳が侵されるという病気です。遺伝子の異常により、体内の代謝物質「ムコ多糖」を分解する酵素がなく、「ムコ多糖」が体中に溜まり、さまざまな障害を引き起こすのです。

＊参考／ホームページ「ムコ多糖症支援ネットワーク」セントルイス大学医学部小児科戸松俊治准教授（現デュポン小児病院教授）／『命耀ける毎日』中井まり著

まりさんが鳥取の小学校でムコ多糖症について講演をすることになりました。大阪在住のまりさんと耀くんと鳥取との縁を作ったのは、遠藤聡先生という若くて熱意のある先生です。

遠藤先生は「米子ロータークトクラブ」という社会奉仕クラブで、耀くんと出会いました。6年生の担任だったということもあり、同じ学年の耀くんのことをぜひ、子どもたちに紹介したいと思ったのです。耀くんは平日には学校があるため、お母さんのまりさんが鳥取に来て、講演をしてくれることになりました。

子どもたちは事前に、各自、病気について学習していましたが、まりさんのリアルな声は子どもたちの心に響いたようでした。

まりさんは耀君がムコ多糖症と診断されたとき、具体的な治療法がないと言われ、言葉を失ったそうです。しかし、その間にも病気は進行してしまいます。「母親である自分が泣いているひまなんてない!」「命にかえても守りたい」

ムコ多糖症に有効な薬が海外には存在するのに、日本では承認されていないいため、その薬を使うことができないという壁がありました。

まりさんの必死の行動からたくさんの人が共鳴して、耀君と耀君と同じムコ多糖症の子どもたちは薬を投与することができるようになりました。しかし、完治するわけではないとのことです。まだ治療薬がないほかの難病の子どももいます。難病の子どもを持つ家族は、誕生日を迎えるたびに安堵し、来年もどうか笑顔で迎えられますようにと願ってやまないのだと話してくれました。

「どの子も笑顔で一生懸命に生きています。皆さんと同じかけがえのない命なんです」

子どもたちは、まりさんの話を聞いた直後、やや興奮気味に私に話してくれました。

「あたりまえの命じゃないと思った」「家に帰ったら家族にもムコ多糖症のことを教えてあげる」

小さな力が生まれているような気がしました。彼女の思いが子どもたちに届いたように、私も鳥取の多くの人に伝えたいと思いました。いや、伝えなければと思いました。

まずは、すぐに放送局に戻って、夕方のニュース番組のデスクにお願いしました。

「少しでいいので、この講演の様子を取りあげてください」

デスクは本番直前だったので悩んでいましたが、結局は放送しようと言ってくれました。

次は自分の手でＶＴＲの作成です。まりさんの本『命耀ける毎日』も何度も読み返し、コメントを練りました。以前、上司に叱られた意味を考えながら丁寧に作りました。１週間の編集作業を終え、微力ではありましたが、無事に放送することができました。

放送後、電話でまりさんが「放送してくれてありがとう」と言ってくれました。ちょうど学校から帰ってきた耀くんも電話に出てくれました。

耀くんは当時、将来の夢は「医者」だと語ってくれました。自分のことを助けてくれるお医者さん。自分もそんな医者になりたいのだそうです。恥ずかしそうに語ってくれました。

耀くんがまっすぐ強く、感謝の気持ちをもって成長しているのは、まりさんの影響が大きいのでしょう。まりさんは「ははは」と笑いながら、「なれるかどうかわからないですけどね。最近こう言うようになったんです。耀、いっぱい勉強しないとねー」

びわの木の思い出

私は番組の冒頭で、なるべく季節の話題や写真を視聴者にお見せしたいなと考えていました。だから毎朝、何かネタになるものはないかなーとキョロキョロしながら通勤していたのです。

あるとき、おいしそうなびわを見つけました。あまりにおいしそうでじーっと見ていたら、その先の二階に「風見鶏」がありました。鶏をかたどった風向計です。

あれ、どうして風見鶏があるんだろう。すると、風見鶏の横からひょこっとおじいさんが出てこられました。じっと見ていたから怒られるかも？　と、ヒヤリとしましたが、おじいさんはとても優しい方でした。

「びわがほしいのかな？」

私は慌てて自分のことを名乗りました。できたら放送で紹介したいので、写真を撮らせていただけないかと。すると、たくさんのびわを持たせてくれました。

よくよくお礼を言って、ついでに風見鶏のことも聞いてみました。すると、なんとそのおじいさんは気象台のOB職員だというではありませんか。気象予報士になったばかりの私は嬉しくなって、またお話させてくださいとお願いしました。

おじいさんは三田稔さんと言います。三田さんも奥さまもとても私のことをかわいがってくださいました。私はずうずうしく、よく三田家にお邪魔していました。鳥取の天気についてたくさん教えてもらいました。

興味深かったのは、昔と今の雪の降り方の違いについてです。鳥取ではじめて冬を迎えたとき、べちゃべちゃの雪がずっと残るので自転車通勤できず、とても困りました。昔はもっとさらさらの雪で、しかも二階から出入りするほど雪が降っていたのだそうです。

また、冬は雪や寒さの厳しい山陰地方ですが、一方で初夏は日照時間が長く、さわやかです。その時期は朝、ピクニックに出かけるという三田さんご夫婦と、よくすれ違いました。「今度、寺川さんも一緒に行きましょうね」と、ご夫婦はいつも仲良しでした。

そのうち私は番組の中で、天気のコーナーも立ちあげました。風が強く、乾燥する時期に起こる災害として、鳥取大火（1952年4月）について取り上げたことがあります。このときは三田さんと奥様から当時の様子を写真で見ながら、詳細に教えてもらうことができました。災害は語り継がなくてはならないと思いました。

三田さんは私が鳥取を離れ、数年たって亡き人となりました。奥様が連絡をくださいました。今でもびわの木を見ると、必ず三田さんの優しい笑顔が浮かびます。

目指すはディレクター!!!

2008年に鳥取に移り住み、もう2010年になっていました。鳥取の生活は宝物のような時間でした。もっとこの仕事を続けたい。放送を通じて誰かの役に立ちたい。私の中ではそんな思いでいっぱいになっていました。

鳥取での仕事は3年の契約だったので、次の道は新たに切り開いていかなければなりません。さて、どうしよう。

いや、実は私の中で迷いはありませんでした。もう次に進む道は決めていたのです。そう、私がなりたいと思ったもの、それは「ディレクター」です。もっともっとたくさんの番組を作りたいと思ったのです。

周りの人に相談して、中途採用のエントリーシートの書き方も教わりました。新卒の際のダメ就活を思い出しました。でも、今度は違います。自分には「この仕事に就きたい」という思いと経験があると……。だから、次こそはきっと夢が叶うと思いました。

たっぷりの思いを込めたエントリーシート。その先の面接では何を聞かれるかなども先輩や上司に相談していました。準備は万全だったのですが、その準備は徒労に終わりました。エントリーシートで落ちたためです。きっと受かるという根拠のない自信は、あっという間に打ち砕かれました。

心からなりたいと思っても、なれるわけじゃないという現実を知りました。私が思っているよりもずっと中途採用は厳しいのだということも感じました。

気持ちの切り替えがすぐにできたわけではありませんが、くよくよしている時間もありませんでした。どうしよう。ツクツクボウシが泣いて、もう夏が過ぎようとしていました。

私は「自分が何がしたいのか」ということと、「何ができるのか」ということを同時に考えました。このとき、気象予報士という資格が頭に浮かびました。これは気象キャスターという道に進めということなのか……⁉

周りの人も「せっかく気象予報士の資格持ってるんだから、気象キャスター目指せばいいじゃない」と言ってくれました。

たしかに気象キャスターなら、これからも放送の世界に携われる。当時は「番組を作りたい」という気持ちが強く、すぐにはピンときませんでしたが、とにかく気象キャスターへの道を探ることにしました。

ウイングへ

さて、気象キャスターになるといってもどうやったらなれるんだろう？　とりあえず、活躍している気象キャスターがどこに所属しているのかなど、インターネットで調べてみました。

すると、『ウイング』という会社にヒットしました。そこには「気象キャスター随時募集」と書かれてありました。それならと思って、すぐにエントリーシートを送りました。

後日連絡があって、面接に来てくださいとのこと。面接してくれたのは社長。正直、社長の面接は怖かったです。

「で、どうして気象キャスターになりたいの?」と、若造を試すような感じです。びびりつつも私は、「気象キャスターになりたいです!」の一点張り。社長は終始、訝しげでした。

「いまいち、君の気象キャスターになりたいという理由がわからないなー」と言われました。今思うと、社長は鋭かったと思います。このときの私はまだ、気象キャスターになりたいと強く心を突き動かされてはいませんでした。

そんな面接だったので、まったく手ごたえがありません。面接の帰り、「次はどこにアプローチしたらいいのだろう……」なんて考えていました。

数日後、電話が鳴りました。電話をくれたのは社長でした。「またダメ出しくらうのかな？」と思い、おそるおそる電話に出てみると、

「あ、寺川さん！」

前の面接とは一転、親戚のおじいちゃんのような声でした。そして、「一緒にがんばって気象キャスターを目指しましょう」という言葉を掛けていただきました。

あまりの変貌（？）に何があったのだろう……と、よくよく話を聞くと、社長は面接後、私が作った子どもの番組を見てくれ、それを大変気に入ってくれたようでした。

見てもらったのは、森のようちえんに通う子どもたち。森のようちえんに通う子どもは、雨の日も雪の日も森に出かけるのです。自然の中で自分たちで遊びを作り出し、問題を解決していきます。

1年を通して森に出かけ取材したので、改めて「鳥取の四季」を感じることができました。そして、子どもたちが美しく、厳しい自然の中で確実に成長してい

く姿をばっちりとカメラに収めることができました。

怖かった社長を一気にニコニコにしてくれたのは鳥取の子どもたち。その後も社長は「あの子どもたちはすごいねー。たくましい!」と繰り返していました。

私はそれ以降、冬に行われる気象キャスターオーディションに向けて、東京と鳥取を何度か往復しました。交通費などの出費はきつかったですが、訓練の機会はありがたかったです。実際に天気図を読み解き、プレゼンテーションするという訓練です。

カメラの前でしゃべることには慣れていましたが、短い時間に天気図を読み込んで、原稿を作るという作業にはなかなか慣れませんでした。今となっては、早い段階から自分の足りないところに気づかせてくれた社長をはじめ、ウイングの皆さんに感謝です。

思い固まる

鳥取で放送の仕事を続けながら、気象キャスターになるための準備をしていました。だんだんと「気象キャスターを目指すんだ」という意識が強くなってきました。

そして、もっと私の心に強くそう思わせる出来事が起こりました。2010年から2011年の冬に鳥取を襲った大雪です。急激に積雪量が増え、一晩でみるみるうちに「どか雪」となりました。国道では数千台の車が立ち往生し、漁船が転覆、農作物にも多くの被害がでました。

実はこのとき、実家の山口に帰省していたので、一番大変だった鳥取の様子は目の当たりにしていません。被害の様子をテレビで見ながらずっとソワソワしていました。鳥取に戻ってから、職場の仲間に当時の様子をたくさん聞きました。

電話が鳴りっぱなしだったそうです。

「この雪はいつ止むのか、とにかくそれが知りたい」

気象情報が災害時にどれだけ必要とされるかを知りました。

雪が止んだあと、農作物への被害が明らかになりました。大半が雪により腐ってしまったのです（ある程度、雪にさらされることは糖分がアップすることにつながりますが、このときは雪が急激に降ったこと、その後も長期間、雪に埋まってしまったために細胞が凍って壊れてしまい、それが原因で腐ってしまったということでした）。

年末に、にんじんとブロッコリーについて取材していました。年明けすぐに放送できるようにしておきたかったからです。「おいしいでしょ」と満足気に語っていた農家さんたち。放送はいつですか？　とあんなに楽しみにしてくれていたのに……。

皆さんが雪のあと、口々にこう言っていたのが忘れられません。

「いつもの大雪だと思っていた」

そう、鳥取は毎年けっこうな雪が降ります。年末に気象情報で「大雪に警戒してください」と呼びかけていたものの、「いつもの大雪か」と捉えていた方が多かったようです。私はそれを知り、自分の無力さを感じました。

あのときの予想天気図を見ていて、「山陰の雪の降り方が怖いな」と感じていました。気象予報士なら誰でもわかるくらい、明瞭に山陰の大雪は示唆されていました。

それなのに、放送で呼びかけるチャンスを持ちながら、十分な呼びかけを果たせなかったのです。鳥取を知る私なら、もっと地元の皆さんの心に響く伝え方ができたのではないかと思いました。

「鳥取のいつもの大雪とは違います。今年は夜になってから急激に雪の量が増えるおそれがあります。例年にはない雪の降り方です。早い段階での対策をお願いします」

後になって、どんな伝え方ができたか何度も考えました。もっと気象を読み解く力があったら……もっと人の心に訴えかけられるアナウンスができていたら……。何のために気象予報士の資格を持っているんだ。情けなさや悔しさでいっぱいになっていました。

と同時に、ふと「あ、これだ」と思いました。気象キャスターとして次こそは必ず役に立ってみせる。進むべき道がはっきりと見えた瞬間でした。

第4章

気象キャスターとしての役割

試練のはじまり

私は2011年、オーディションに合格し、気象キャスターになることができました。ウイングの社長から連絡をいただいたときは、鳥取の職場で仕事中でした。社長の声を聞きながら、やや放心状態でしたが、すぐに嬉しさが込み上げてきました。

鳥取でお世話になった上司に報告しました。仲間たちもがんばれ！　と言ってくれました。家族や親友も喜んでくれました。

「今度からなっちゃんをテレビで観ることができるんやね」

足が悪い母方の祖母にとって、テレビは毎日の何よりの楽しみだと言います。私が放送に出るときは、テレビの前にかじりついているそうです。

祖父はというと、私がテレビに出る時間帯は、ごはんを食べたりお風呂に入ったりと忙しくしているそうですが、必ず放送が始まる数分前にはテレビの前にいるそうです。祖母が教えてくれました。

大事な人たちが喜んでくれることほど幸せなことはありません。私自身もしばらく幸せな気持ちに包まれていました。

しかし、ここからが私の試練のはじまりだったのです。

気象キャスターって??

気象予報士の資格を持っているとはいえ、解析レベルは先輩とは雲泥の差があります。昔、気象学を教えてくれた先生が言っていた言葉を思い出しました。「普通運転免許とＦ１レーサーくらいの差」という言葉です。１年目の私は、ペーパードライバーといったところでしょうか。とにかくついていくのに必死でした。

ここで「?」と思う方がいるかもしれません。「なにがそんなに大変なの?」「気象キャスターって、気象庁の情報をそのまま伝えているだけじゃないの?」

そうですね。気象庁の情報をもとにお伝えしているのは間違いありません。しかし、「そのまま伝えている」では気象キャスターがいる意味がありません。気象庁が発表する天気のマーク、ここに表しきれない情報や注意点について具体的にお伝えしなくてはなりませんね。

例えば晴れマーク、これは安定した晴れとそうでない場合があります。大気の状態が不安定なときは、局地的には雷雨や突風のおそれがあります。

では、傘マークはどうでしょうか。急に強く降るタイプの雨なのか、もしくは、しとしと降るタイプの雨なのか……などあります。皆さんの毎日の生活を想像しながら、どんな情報がより役立つ情報なのかなぁっと想像を巡らせながらコメントを考えています。

皆さんがどんな情報を欲しているか、教えてほしいです。友人は通勤時の服装に毎日悩むと言います。暑いのか寒いのか、上着はあったほうがいいか。そういうこと教えて！　と言います。小さいお子さんがいるお母さんは、「子どもを公園で遊ばせられる天気になるか」、これが一番気になると話してくれました。

また、農家さんにもいろいろ教えていただきました。例えば、野菜はどれもたっぷりの日照を好むと勝手に思い込んでいましたが、そうとは限らないものなのですね。高層ビルや屋上など高い場所で作業する人は、風の情報がとても大切だと聞いたことがあります。

いろんな立場の方と天気との関係を知ることは、気象キャスターという仕事をするうえでとても重要です。


さて、気象キャスターである私自身の毎日の生活はどんなものなのでしょうか。基本、デスクワークが多いです。

ちなみに、私が放送に出る時間はたったの数分。1日のうちでたったの数分です。よく「ヒマなの？」とも聞かれます。いえいえ、ヒマできるほどの余裕はありません。まだまだ若造の私は、専門家としてもっと知識を蓄える必要があるからです。むしろ学生の頃より勉強、勉強の毎日かもしれません。

私の1日をざっと紹介しましょう。朝起きたら、「前日の予報の答えあわせ」からスタートです。窓を開けて、「ん？　予想より雲が広がってるな」。気象庁のHPを開き、雲画像やレーダーをチェックします。

「あれ⁉　ここで予想以上に雲が発達してるぞ」

前日の予想とのズレが生じていたら、この先の天気もがらりと変わることがあります。変化を把握し、最新の資料を解析します。

また、毎朝ではないのですが、余裕があれば外にランニングに出かけます。やはり実際に肌で空気を感じ、植物の変化から季節を感じとることは大事ですね。アジサイの葉が大きくなってきたーとか、キンモクセイの香りがしてきたな……という具合です。

そしてお昼頃、職場に向かいます。ちょうど最新の資料が入ってくるタイミングです。ここでもう一度解析し、その日の放送でお伝えする天気のポイントをつかみます。

午後の時間はあっという間に過ぎていきます。ヘアメイク、気象キャスター皆で天気についてのディスカッション、原稿を書く、最終的な予報の確認……などです。

天気についてのディスカッションは独特の緊張感があります。時々、先輩から厳しく鋭い指摘を頂戴することがあります。「こう判断した理由をもっと詳しく」とか「こういう展開になることも考えられるのでは？」という具合です。

びしっと答えられないときは「あーまだまだ全然ダメだ」と自己嫌悪。でも、それも勉強です。また、その日の天気のポイントを絞り、原稿を書くのは私ですが、テレビでどんな絵を使うか、どんな言い回しが効果的か……などはチームを組み、意見を出し合いながら、皆が納得するものを作り上げます。

放送時間は直前で決まるのでドキドキハラハラです。正確にお伝えすること。放送時間をキープすること。わかりやすく伝えること。たった2分くらいなのですが、頭はフル回転です。

放送が無事終わったあとは、その日一緒に作り上げた仲間とハイタッチしたい気分になります。大げさと思われるかもしれませんが、そのくらい濃い時間であり、仲間の存在は大きいです。


天気が荒れているときは、穏やかなときに比べて100倍くらい頭を使います。刻々と変わる天気の実況をつかみながら、放送の時間帯の天気はどうなっている？　今後の天気のポイントは？　などを素早くつかむ必要があるからです。

この「ポイントをつかむ」ということ……これは全国的に天気が荒れるときは特に難しいです。

例えば、台風が日本にやってくる！　という場合を考えましょう。日本列島を直撃する場合は、広い範囲で大きな影響が出るおそれがあります。では、ズバリどこが最も危険なのか。

ここで重要なのは、必ずしも台風が近づく場所＝最も雨の量が多くなるところではありません。強烈に印象に残っているのはこのフレーズ。

「台風から離れていたのにどうしてウチのところがこんなに雨が降ったの？」

雨雲のもとになる湿った空気が供給され続けると、台風から離れていても大雨となることがあります。さらに全国各地、場所によって危険がおよぶ雨の量や災害は異なります。土砂災害？　川の氾濫？　低い土地の浸水？

また、台風の場合は大雨だけではありません。暴風や高波、満潮時刻と重なっていれば高潮の呼びかけも重要です。竜巻などの突風のおそれもあります。

あらゆる気象災害が想定される中で、最も呼びかけなくてはならないのは何か、見極める力が必要です。そして、視聴者に「こんなことが起こりうるのなら早めに避難しておこうかな」と思ってもらえるか。つまり、「防災行動に結びつく訴え」ができるかどうか。気象キャスターの存在価値はここにあると思っています。


少々熱く気象キャスターについて語ってしまいました。しかし、1年目の私は、これらのことがちっともできませんでした。自分のできなさ、不甲斐なさを思い知らされ、このままじゃダメだ、全然ダメだと打ちひしがれる日々でした。

私が気象キャスター1年目だった2011年というのは、東日本大震災がありました。さらに台風12号が紀伊半島を襲い、大規模な土砂災害が起こりました。多くの尊い命が奪われた年でした。

何とか役に立ちたいという思いが膨らむ一方で、自分の気象キャスターとしての実力が、与えられた仕事の大きさに追いついていないという現実がありました。

原点へ

平日は天気図とにらめっこする日々でした。そして、放送でどう伝えるか、頭は常にフル回転です。本番でミスは許されません。

そんな毎日を過ごしていたあるとき、声を出すのが苦しくなった時期がありました。たった一文を発声するための息がもたないのです。

私は元陸上部の長距離ランナーです。肺活量には自信があります。それなのにどうしてだろう。普通に声を出すだけなのに、それができない。誰にも気づかれない程度だったと思います。でも自分の中では、今日は大丈夫かな？　と放送に出るのがちょっと怖くなりました。結局この症状は1ヶ月くらいで収まりました。

少し経って、鳥取で一緒だった仲間たちが東京で集まる機会がありました。鳥取の皆と離れて、そんなに長い時間が経っていたわけではないのに、とても懐かしく思いました。

一番お世話になった上司も来ていて、私は近況を報告しました。毎日がくたくたで、土日は一歩も外に出ずに寝ていることもしょっちゅうだと話しました。面白おかしく話しましたが、土日はほぼ寝て終わるというのは本当でした。

すると、それまでうんうんと聞いていた上司が、突然「そんなんじゃだめだ」と言ったのです。

「寝ているくらいなら、もっと災害現場を見に行くとか、そういうふうに時間を使わないと」

この上司の下で鍛えられた日々を思い出しました。鳥取ではとにかく取材に出かけていた私。きつかったけれど、だからこそ皆さんの気持ちに直にふれて、心から「伝えたい」という気持ちが沸き起こっていたのです。そんな気持ちを忘れかけていました。

鳥取での3年間、私は何を学んできたのか。私らしい放送の取り組み方って何だったのか。いろいろ考えて、とにかく原点に返ろうと思いました。

被災地へ

数ヶ月経ってからとなりましたが、東北の被災地を訪れました。高速バスで宮城県石巻市へ。朝6時前に着きました。バスの中でほとんど寝られなかったのですが、とにかく歩こうと思いました。

あたりの景色を見ていると、目が急激に覚めるのを感じました。周囲はがらんとしているのに、足元には色あせた上靴が落ちているのです。

海に近づくにつれて、地面が沼地のようになっていました。地盤が沈下したため、排水が十分には行えず、水たまりのようになっているようでした。あたりには「冠水注意」の看板があちこちに見られました。しかし、辿り着いたその日の海は、津波がやってきたとは思えないほど穏やかでした。


石巻で佐藤（仮名）さんという方に出会いました。朝早かったのであたりには道を聞ける方がいなくて困っていました。そんなとき、たまたま早朝ランニングをしていた佐藤さんの姿を見つけたのです。お地蔵さんに長いこと手を合わされていたので、終わるのを待って道を尋ねました。

とても親切な方でした。当時の様子を教えてくれ、無くなったご実家の跡地を案内してくれました。

佐藤さんのご実家があったのは石巻市長面《ながつら》地区です。かさ上げされた道路から、家があったはずの場所を見つめました。

佐藤さんは、被災した家を北海道にお嫁に行った妹に見せたときが一番辛かったと言います。「『帰る家がなくなったね』と言われたときは……」と、言葉を詰まらせていました。

隣の家には柱が残っていました。そこには「4月6日済」という文字が書かれていました。「この家に死体がなかったことを4月6日に確認しました」ということを意味するそうです。

「こういう状態を見ると、命が残っただけでもよかったのかなって。しょうがないかって思える」

長面地区は真水と海水がちょうどぶつかりあうところで、海の幸に恵まれた場所だったそうです。どの家にも船があるのが当たり前で、佐藤さんは小学校から帰ると、漁に出るのが楽しみだったと言います。自然に恵まれた場所だったので、たくさんの人が住んでいました。

「でも、自然に恵まれすぎていたからこんな被害に遭ってしまったのかな」

佐藤さんが被災当時住んでいた家も被害に遭いました。店員9人でやっていた飲食店は津波で壊され、一瞬で何もかもがなくなったと……。

「抱いていた夢、すべてがあの瞬間でなくなった」

佐藤さんは財産も夢も失った状態で、女川地区で炊き出しをずっと手伝っていたと言います。大型の調理器具は誰でも扱えるわけではないから、自分がやらないといけないと思ったそうです。ご自身も被災された状況で、気丈にふるまえるものなのでしょうか。佐藤さんはこう言いました。

「人間はみんな弱い。でも、弱いから強くなれるのかな。弱いままでいても仕方ないから、ちょっと強くなろうかってね。近所の人と話をしていたら、だんだんとそんな気分になれた」

佐藤さんと別れ、名取駅から名取市閖上《ゆりあげ》地区に徒歩で向かいました。名取川河口付近の津波被害が大きかった場所に着いたころには、もうすでに日が暮れていました。

夕暮れのせいか、ひとりだったせいか、その日、訪れたどの場所よりも悲しい場所に感じられました。広い土地の中でぽつんと残っていた建物がありました。踏ん張って建ち続け、海に向かって叫んでいるようでした。

被災地を歩きながら思ったこと。どうしてもっと早くここに来なかったのだろう。被災地を知らない私は、被災地の気象情報をどれだけ伝えられていたのでしょうか。

弱い自分。でも強い自分でありたい。当たり前ではない、奇跡の毎日に感謝をし、今を生きたい。

伝えたいこと、伝えたい人。誰かのために頑張れる自分でありたいと心から思いました。

ボディブローを受けた日

「予報が外れたときはどうするんですか?」

それはもう平謝りしかありません。申し訳ありません!! と、潔くカメラの前で謝りたいのですが、放送の尺の都合もあり、なかなかそれができません。心の中ではごめんなさいを繰り返しております。ごめんなさい。

予報を外し、気象キャスター生活の中でもっとも痛いボディブローを受けたのは、2013年成人の日、関東地方の大雪でした。気象庁は前日の夜の段階で、「都心で積雪にはならない見込み」と発表しました。私はそれをそのまま伝えてしまったのです。気象キャスターとして大失格です。

気象キャスターは「予報の幅」を伝えなければならないのだと、後になって深く反省しました。雨になるか雪になるかは、わずかな気温の差で決まります。しかし、その気温を正確に予想するのは難しいです。

気温が低くなる要因のひとつに、雪がとける際や雨が蒸発する際に生じる冷気があります。降水強度が強いときは、これらの冷却効果が予想以上に強まることがあるのです。特に関東地方は山に囲まれた地形なため、生じた冷気がたまりやすいという特徴があります。

先輩から関東の雪の解析の注意点は習っていました。私自身、「積雪にはならない」という表現に迷いがあったはずなのに、結局、自分の解析に自信が持てませんでした。「こういう事態も起こりうる」ということをお伝えすることができなかったのです。

この日は朝から外の様子が気になって仕方ありませんでした。どうか雪が降りませんように。その思いを見事に裏切るかのように、あたりは瞬く間に真っ白になりました。同時に私の頭の中も真っ白になりました。

「ま、まずい……」

職場に行くと、先輩に言われました。

「こんな予報が微妙なケースの南岸低気圧は、『積雪にならない』なんて言いきっちゃダメだね」

本当にその通りだと思いました。気象キャスターとして解析レベルを上げることを誓うとともに、表現の仕方についてももっと考えなくては……と反省しました。

しばらく放送に出るのが辛かったです。しかし、大変不謹慎ではありますが、この関東の雪をその後何度も解析していると、改めて気象はおもしろいと思いました。

天気図には表れない小さなスケールの現象が、結果をこんなにも大きく変える。つかみにくくてもどかしいのですが、現象には必ず理由があります。想定されるいくつかのシナリオを理論的に考え、確度の高い現象を予想すること。ここに気象の奥深さがあると思います。

強烈なボディブローを受けた日。深く反省をするとともに、ますます気象を突きつめたい気持ちにさせられました。

全国を知る

全国の皆さんに気象情報をお伝えするにあたって、ぶちあたった壁があります。それは、全国の皆さんにお伝えしているのに、全国のことを知らないということです。

南北に長い日本は、北と南で大きく気候が違うのはもちろん、その土地の地理的条件によってその特性が大きく変わります。全国を知ってはじめて全国の気象キャスターが務まるという持論に辿り着き、これまで沖縄から北海道までひとりでいろんなところへ出かけました。

一番思い出に残っているのが、冬の北海道です。ホワイトアウトってどんな感じなんだろう？　寒さはどのくらい耐えられるんだろう？

警報レベルの吹雪は体験していませんが、それでも視界がなくなることに改めて驚きました。サラサラなので、周辺に積もっている雪までもがブワーっとあたりを覆い、まるで見えません。これが地吹雪か……。

足元で特に怖かったのが、いったん溶けてツルツルになったところに新雪が少し降り積もった道です。一見サクサクの雪は油断します。サクサクと見せかけて、ツルツル……というこのトラップは要注意です。

続いて寒さ。北海道の内陸部を訪れました。風は弱く、視界は良好。あたりの景色があまりにもきれいだったので、夢中で歩き続けました。しかし、日が落ちてきて、急激に体温が奪われるのを感じました。さ、寒い。つ、冷たい。

体力があるうちに、急いで来た道を戻ろうとしました。そのとき、近道しようと思ったのが間違いでした。腰まで雪のあるような場所に迷い込み、一歩、一歩、歩くのがやっとというような状況に陥りました。

無事バス停に着いたものの、バスが来るのは1時間後。バス停は小屋のようになっていましたが、もちろん暖房設備などなく、とにかく寒い。体はすっかり冷えていました。冬の北海道を完全に舐めていました。

長椅子に横になって、小さくなっていました。バス、早く来てー。これで体調崩して、仕事を休むことになったらどうしよう……と、氷のような世界で反省していました。

沖縄に行ったときのこと。あたりを歩いていたら、どの家庭にも貯水タンクらしきものがあることに気づきました。聞いてみると、雨はよく降るのですが、大きなダムがないから渇水状態になることがよくあるのだということでした。なるほど。ひとつひとつのダムは小さく、水をあまり貯められないのだそうです。年間降水量は、那覇は東京より500ミリ以上多いのに、こんな事情があったのですね。

台風が襲ってきた際には、地元の人は特に風に警戒すると話してくれました。沖縄は台風の接近、上陸数が多く、しかも台風の速度が遅いことが多いので、影響を長く受けます。漆喰で塗り固められた頑丈な建物、防風林などを見ていると、昔からこの土地の人は台風による風の脅威と戦ってきているんだなと思いました。

私が沖縄を訪れたのは秋、「ミーニシ」と呼ばれる北よりの季節風が吹くころでした。夜、北風が吹くと体感的にはぐっと下がって、肌寒いと感じました。地元の方があまりにも寒がっていて、「コートがほしい」と口々に言っていたのには少々驚きました。「そんなに寒いですか?」と聞いたら、「沖縄の人は寒がりなんだ」と話していました。

地方に行った際には地元の気象台の予報官にお話を伺うこともあります。やはり、その土地の天気のプロ。いろんなことを教えてくださり、勉強になります。皆さんと連携して、より迅速で的確な気象情報をお伝えしなければ! と気持ちがしゃんとします。

これからもたくさんの土地に足を運びたいと思います。私はリュックを背負い、帽子をかぶったジーンズ姿で、化粧はあまりしていないので、誰だかわからないかもしれません。でも、ぜひ私に声をかけられてしまったら、いろいろ教えてください。放送に役立てたいと思いますので、その節はどうぞよろしくお願い致します。

りんごジュースの縁

私の故郷、山口県は温暖な気候で育つみかんと、寒冷な気候で育つりんごの両方を出荷しています。同じ県でも場所によって気候がガラリと違うのです。瀬戸内に浮かぶ周防大島はみかんの産地。ここは海がゆったりキラキラしていて、ゆっくりと時が流れている気がします。

みかんといえば冬、こたつの上でいただくイメージがあると思いますが、周防大島の初夏のみかんもおすすめです。ネーブルのような（?）さわやかな味のみかんを出荷しているのです。なんたって、名前がいい。南津海《なつみ》と言うそうです。

名前を知って、ますますおいしく感じたのかもしれませんが、私の家族も「これ、おいしいね」と言っていました。ぜひ一度、ご賞味あれ。

また、山口県でりんごといえば徳佐のりんごです（西日本で数少ないりんごの産地です）。小学生のころ、家族で徳佐にりんご狩りに行った思い出があります。そのとき書いた作文が入賞したので、徳佐に行ったときのことはよく覚えています。

徳佐は内陸にあるので、朝晩の気温差が大きいところです。日中は暑いですが、夕方はぐっと冷えるこの気温の差が甘くておいしいりんごを作っています。

その徳佐に、気象キャスターになってから足を運ぶ機会がありました。2013年の夏、山口市を局地的な豪雨が襲いました。被害が大きかったのは阿東徳佐の鍋倉地区。ちょうど、りんごの収穫の時期であり、さらに来年のりんごの花芽《はなめ》が成長する大事な時期でもありました。

りんごの木の周りには、洪水により流されてきた流木があちこちにあるのですが、りんごの木が低いために機械が入れず、人の手で取り除くしかない現状でした。あたりの家は半壊、あるいは全壊の家もあって、水とともに押し寄せる流木や土砂の破壊力の大きさを感じました。

鍋倉地区は阿武川が蛇行している場所にあたり、周りに比べると土地もやや低くなっているそうです。そのため、数十年前にも浸水の被害が起こっているということでした。２０１３年夏も大きな被害が出ましたが、地区の多くの人が事前に避難しています。

当日の朝、川の水位が尋常でないくらいのスピードで上がってくるのを見た方がいました。昔起きた災害を思い出したと言います。これはまずい！　と思い、周囲の人に呼びかけた結果、早い段階で避難することができたそうです。

それを聞いて、とても心強く思いました。地域のリーダー的存在がその土地の特性を把握し、いち早く危険を察知して住民に呼びかける。理想の流れだと思いました。

この日は、被害が大きかった場所をひたすら歩いて回りました。途中疲れたので、一軒のお店に入りました。お店のおじさんにも話を聞きました。

「ここはまったく被害がなかったけど、そこからあっちは湖のようになってたよ」という言葉に、改めて水は低いところに集まるのだと感じました。

私は一息ついて、次は上流を見てこようと思いました。おじさんは「遠いから気をつけなさい」と言って、りんごジュースをおまけしてくれました。甘いのにさっぱりとした後味のりんごジュースは格別でした。

阿武川の上流に行った帰り道、雷雨に遭いました。マンガのように土管で雨宿りしていたのですが、なかなか止みません。もういいやと思って、濡れることにしました。開き直ったものの、やっぱり雷が怖かったので下流までダッシュしました。

下流に着いたころには雨は止んでいましたが、もうヘトヘトです。どこかお店に入ろうと思ったのですが、どうせなら、さっきのおじさんのところでりんごジュースを飲みたいと思いました。今度はちゃんとお金を払って、いただきたいと思ったのです。我慢して歩き続けました。

おじさんは「あんた、また来たんかね」と言いながらも、すぐに冷えたりんごジュースを出してくれました。何度飲んでもおいしかったです。
夕暮れ時の雨あがりで、日中に比べると暑さはずいぶん和らいでいました。

あいさつをして、店を出ました。ずんずん歩いていると、後ろから軽トラックが近づき、クラクションが鳴りました。りんごジュースのおじさん？　と思ったのですが、違いました。おじさんの息子さんでした。駅までの道がまだ数キロあったので、送ってあげてほしいと頼まれたそうです。

あとになってわかったことですが、おじさんが息子さんと会わせてくれたのには理由がありました。被害の大きかった阿東徳佐の鍋倉地区では、一家族だけが逃げ遅れ、浸水し、押し寄せる濁流の中、ヘリコプターで救出されるという事態になりました。その家族とは、息子さん家族のことだったのです。

住んでいた家は浸水し、住める状態ではなくなったので、お父さん、つまりりんごジュースのおじさんのところに奥さんとお子さんと共に身を寄せているということでした。まだ被害に遭って数日、おそらく心身ともに疲れ果てていた頃だったと思います。それにも関わらず、ゆっくりと当時のことを思い出すように話してくれました。

彼は「どうして逃げ遅れてしまったのか」ということについて教えてくれました。当日の朝、近所の人に「避難したほうがいいよ」と声をかけられたと言います。しかし、少し躊躇したそうです。昔、この地区で大きな水害があったのを期に、堤防が強化されたので大丈夫なんじゃないかと思ったそうです。

さらにもうひとつ、当日の朝はそこまでびっくりするような雨の降り方をしていたわけではなかったと言います（この言葉は他の被災地でも聞くことがあります）。それなのに被害が大きくなった理由は、上流で降った大量の雨が一気に押し寄せたためです。「上流からあんなに水が押し寄せてくる感覚はなかった」と言います。

あたりが浸水してきて、ようやく「避難したほうがよさそうだ」と思ったそうです。でも、小さなお子さんがいたため、すぐに準備ができません。準備したころには床上まで水が来ていて、避難できる状態ではなかったと言います。

そうなると、もう上に逃げるしかありません。垂直避難です。天井を突き破って、屋根の上で救助を待ちました。しかし、周辺の家々は次々と濁流にのまれていくのです。

「もうダメだ」「大事な家族を死なせてしまう」

後悔の思いでいっぱいだったそうです。

しばらく沈黙が続きました。そして、ぽつりとこう言いました。

「あの朝、大丈夫だろうというのは勝手な判断だったな……」

上流で降った雨が下流に押し寄せるスピードは、あっという間なのでしょう。瞬く間にあたりが地獄のような景色に変わったと言います。

局地的な豪雨というのは、雨が降りだしてから被害が起こってしまうまでごく短時間です。そのため、早い段階での呼びかけが必要となるのですが、今の予報精度では残念ながら限界があります。だからこそ、現地の人たちが自分たちの肌でいち早く危険を察知するということが重要となるのです。

私は息子さんに「あのとき、どう行動するべきだったと思いますか?」と尋ねました。答えはこうです。

「情報を待っていてはダメ。自分で動かないと、誰も守ってくれない」

「いつもと違う何かを感じたら避難するべきだ」

でも、私はふと思いました。このとき、雨の降り方はそこまでびっくりするほどではなかったと言います。それなのに、どうやっていつもと違う何かを感じられるのでしょうか。

するとと、彼はこう言いました。「みんなが避難していたのがいつもと違っていた。自分も逃げればよかったのだ」と。


彼にお会いできたのは偶然でした。途中、言葉を詰まらせることもあり、思い出しながら話すのは辛そうに見えました。でも、最後にこう言ってくれました。

「誰かの役に立つなら自分の話を伝えてほしい」

私は気象キャスターの役割を改めて感じました。どんな災害が起こりうるのか、どんな対応をとるべきなのか。説得力をもって呼びかけるには、私自身が災害の恐ろしさを知らなければなりません。息子さんが教えてくれたことは貴重でした。絶対に無駄にできないと思いました。

帰りの電車に揺られながら、災害で怖い思いをする人をなくしたい。私が伝えるんだ。もっと力をつけなきゃいけない。そういう思いが頭をめぐっていました。

第5章

日々のこと

先輩

私は上司や先輩に恵まれてきたと思います。なかでも平井さん（平井信行キャスター）の存在は大きいです。

私にとっても皆にとっても「ボス」「親分」という感じ。仕事の行きかえり、ランニングのトレーニングをされているので、ジャージ姿の印象が強いです。ちなみに、よくバナナを召し上がっています。

一度「平井さんってバナナが好きなんですか？」と聞くと、「ま、俺は顔がサルみたいだからねー」と全然答えになっていませんでした。

きっと体作りのため、体に良さそうなバナナを食べているのだろう……と勝手に解釈しています。

平井さんはとても器用で絵がうまいです。さらさらさらさらーっと放送に使う絵を書いています。天気予報に使う解析資料も、平井さんが色鉛筆で書き込めば、天気がたちまち立体的に見えてくるようで不思議です。

天気は立体的に見る力が必要です。私は勉強のため、放送後によくその資料をもらっていました。平井さんはポイっとその資料を捨てていることがあります。そのときはバナナの皮が入ったごみ箱の中を漁るはめになります。

平井さんが書き込んだ資料は私にとってはバイブル。少々バナナの香りがしても気になりません。必死に自分の解析資料と見比べて勉強するということを続けていました。

どの資料のどこに最も注目しているのだろう？　疑問に思ったことは、しつこいくらいに質問していました。平井さんはすぐに答えを教えてくれるのではなく、まず私に考えさせます。そして最後には、必ずポイントを丁寧に教えてくれます。

私が今、気象予報士として少し自信が持てるようになったのは、平井さんのおかげです。

私の伯母は平井さんの大ファンだと言います。私がお世話になる前からずっとファンだったそうです。

「どういうところが好きなの？」と聞くと、「はっきり言うところ」と言っていました。近所の皮膚科の先生も同じようなことを言っていました。

「平井さんは自信を持ってしゃべってるから気持ちがいい。平井さんが、雨が降るっていうなら傘を持って行こうかなと思うのよね」

なるほど。「自信」は画面を通して伝わっているのですね。天気予報はいつも等しい確率で予想できるわけではなく、当たりやすいときもあれば、外れやすいときもあります。難しいときは決定的な表現は避けたい、予防線を張りたいというのが気象キャスターの本音です。

しかし、平井さんはちょっと違います。いつだったか、「前日の段階でわからない、なんて言うようじゃ納得してもらえないだろうな。バシッと言わなきゃな」と独り言を言っていたのを聞いたことがあります。

生まれ持った性格もあると思いますが、何より気象に対する知識と経験、これが自信となり、力強い声となって表れているのだと思います。

そういえば以前、朝、公園を走っていたら、平井さんと一緒になりました。真剣にトレーニングに励んでおられたので、おそらく私には気づいていなかったと思います。でも、私は背中姿ですぐにわかりました。鍛えあげられた、しなやかな筋肉のついた体でさっそうと駆け抜けていきました。

平井さんは富士山を走って登るレースに毎年出場されています。どんどん遠くなっていく背中を見ながら、私は「スゴイなー」とマイペースに走っておりました。

ランナーとしてはとても追いつけそうにありませんが、気象予報士として、気象キャスターとして、ずっとずっと追い続けたい背中であります。

ダンス

私にはランニングのほかにダンスという趣味があります。大学時代から続けているので、かれこれもう……10年以上になります。ジャンルはいろいろです。はじめはヒップホップダンスをしていました。ベリーダンスをかじったこともあります。今はジャズダンスです。

ジャズダンスってどんなダンス？　とよく聞かれます。うーん。ヒップホップと違うのは、バレエの要素が大きいことかなぁっと思います。

そうそう、最初はバレエの動きが難しくて苦労しました。片足を勢いよく180度上げたり、優雅にくるくる回ったり……なんて動きはいまだにできませんが、体はずいぶん柔らかくなりました。さぼるとすぐに体が硬くなるので、朝起きるとベットの上で必ずストレッチしています。

レッスンは仕事の後に行くことが多く、帰宅が深夜になることもあります。ダンスにはまる理由は何なのでしょうか。

皆さんはディズニーランドなどテーマパークはお好きですか？　ダンスレッスンはそれに似ています。皆でチアダンスばりの笑顔で踊っていると、疲れが吹き飛んで楽しくなります。しっとりと大人のジャズダンスの曲のときは、これまた別の世界を作りあげます。体の重心をうまく使って、フロアをめいっぱい使い、曲を体で表現するのはとても開放感があります。


ダンスは体のしなやかさや技も重要ですが、最近気づいたもっと大事なものがあります。それは「表情」です。レッスン中、仲間が踊るのを見ていて、ふと自分が一番引き付けられているのは、表情だと気づいたのです。表情を作ると、踊っているほうも見ているほうも皆が、よりその世界に引き込まれるなぁっと思いました。

表情の大事さは、仕事にも共通点があるように思います。ある視聴者からこんなお言葉を頂戴したことがあります。

「私たち視聴者はキャスターのコメントだけじゃなくて、表情も見ています。その表情から気を付けようっと思ったり、ときには安心感をもらうことがあります」

正確に間違えずにコメントすることはもちろん重要ですが、それだけではないんですね。「表情で伝える」ということ。これがどれだけ大事なのかに気づかされました。

このお言葉をいただいてから、「今日はどんなテンションでお伝えするか」というのを考えるようになりました。穏やかな天気を共有するモード？　防災情報をきっちりお伝えするモード？　どんなテンションで、どんな表情でお伝えしようかなという具合です。

放送で演技をしているわけではありませんが、ここの部分はちょっとだけダンスで表情を作るのと共通しているような気がします。

ダンスレッスンの帰り道、こんな出来事がありました。私が通っているダンスクラスには、趣味で習っている人、ダンサーを目指している人、実際にダンサーとして活躍している人などさまざまです。年齢は私より若い子が多いです。ダンサーを目指している子は、レッスンに対しての姿勢は真剣そのものです。

ダンサー志望の年下の女の子がレッスンの帰り道、こう言いました。

「最近、ダンスがおもしろくないんだよね」

いつもと違ってかなり疲れている様子でした。

「何かあったの？」と聞くと、

「受かるために、うまく踊らなくちゃいけないってことばかり考えるようになった。そう思えば思うほど苦痛になってきて……」

いつも一緒にレッスンを受けていた子で、楽しそうに踊っていた彼女。そんな彼女が「おもしろくない」というのは意外でした。でも、わかる気もしました。

私も似た感情を放送の仕事を通じて感じたことがあります。間違えちゃいけない、完璧にしなくちゃいけないと思えば思うほど、苦痛になります。

今でも時々、放送前に「間違えたらどうしよう」という気持ちに負けそうになることがあります。そんなときは必ず初心に返るようにしています。「誰のために伝えるのか」、自分のためじゃない。カメラの向こう側にいる皆さんにお伝えするんだ。そう考えると、すーっと気持ちが落ち着き、冷静になれます。

彼女と別れて、ひとりになってしみじみ思いました。放送に対する姿勢をいつも大事にしていようと。そして、彼女にはうまくアドバイスできなかったけど……、またダンスが楽しいと思ってくれたらいいなと、心から思いました。

食事

「趣味はパンを作ること。ケーキを焼くことも大好きです」

なんて言う女子になりたかったなーと思う今日この頃。これから先、もしかしたらそんな趣味ができるかもしれませんが、おそらくないでしょう。パンはパン屋さんに焼いてもらいたいです。

料理はするんですか？　ご飯はどうしているんですか？　というたまにある質問。食に対する姿勢って、その人がどんな人かを表すのかもしれませんね。

うーん。となると言いにくいですが、正直に言いましょう。はい、料理は全然好きではないです。特に今、この原稿を書いてるのは暑い夏。暑すぎです。キッチンに立ってカチッとコンロに火を付けるのも嫌になります。いっぱい作ってもそんなにおいしいわけじゃないし、だいたいそんなに食べられないし。という理由からまともな食生活を送っていません。

あ、でもこんなことを書くと親が心配するのでフォローしますと、夏以外の季節は（比較的）ちゃんとキッチンに立ちます。ただ何度も言いますが、料理は好きではありません。だから上達しないし、レパートリーも増えません。

そんな残念な私も、30歳を過ぎてからは食生活にもう少し気を配らなくては……と感じることが多くなりました。疲れやすくなっているし、肌の衰えも感じます。睡眠と栄養を摂っていないと、とたんに肌に出るようになりました。正直ですよね、体って。

ということで、朝のフルーツと大豆製品と栄養ドリンク。これは欠かしません（いばって言えることではないですが……）。食べたいときにはいっぱい食べますが、夜遅い食事は控えるようにしています。

夜いっぱい食べる日が3日続くと、衣装のスカートが入らなくなることが統計的にわかったからです（放送で着ているのは自前ではなく、衣装さんが選んでくれています）。

食生活にはたいしたこだわりはありませんが、冬になると少し気を使います。とても冷え性なので、なるべく体がポカポカするような食事を心掛けています。が、しかし、食べてもあまり体が温まりません。むしろ体の熱エネルギーが消化活動に費やされすぎるのか、ごはんの後、むしろ寒くなることがあります。ちなみにしょうがは苦手です。小さなころから冷え性なのです。

昔から寝ていて寒くなったら、温かい母親の布団にもぐりこんでいました。そして、自分の氷のような足をぴとっとつけていました。母は一瞬びくっとしますが、すぐにごしごしとさすってくれます。今思い出しても、母親の愛情とはなんて深いんだと思いますね。私もいつか母親になったら、そんなことができるのかなー。いや、できないな。きっと怒っちゃうだろうな。

好きな雲

皆さんはどんな雲が好きですか？　日中、空にぽっかりと浮かぶ綿雲？　夕暮れ時、はけで書いたような横にすっとたなびく雲？　それとも夏にもくもくと沸き立つ入道雲？　他には飛行機雲やつるし雲……などいろいろありますね。

私は昔から好きな雲は「入道雲」でした。大きな入道雲を見ると、エネルギーがみなぎってくる感じがするのです。ちなみに好きな花はひまわり。どちらも共通するのは夏、ダイナミック……といったところでしょうか。

とにかく夏が大好きなんだと思います。せみが鳴くとともに始まる夏休みのわくわくする感じ、海やプールで感じる水の感覚、花火大会なんて最高ですね。轟音とともに夜空が壮大に、これでもかというくらい彩られる夜。

あ、雲の話でしたね。そう、入道雲を見ているとパワーをもらえる気がします。

例えば、あれは気象予報士を目指していたころ、夏の試験を受けるために会場へ向かう途中でした。父親に車で駅まで送ってもらっていた途中に入道雲を見ました。なんだかこの雲に応援されているような気分になりました。私もこの雲みたいにぐんぐん成長したいと思ったのを覚えています（えー、ちなみにその夏の試験は落ちたんですけどね）。

この雲は大雨や雷といった現象を引き起こす雲でもあり、気象キャスターになってからは「入道雲が好きです！」と大きな声で言えなくなりました。でも、遠くから見ていると、やっぱり美しいですね。ブルーの空にあんなにも白く輝く姿は雄大で見とれてしまいます。

季節によって空はいろんな雲を見せてくれます。真夏の勢いある入道雲は相変わらず好きですが、大人になってからもっと一目ぼれした空があります。それは「ゆきあいの空」です。

夏から秋に変わるころ、強い日差しは少しずつ和らいでいき、上空を流れる風は少しずつ強くなってきます。また、雲のもとになる水蒸気の量が少なくなります。そうすると、鉛直方向にグングンと伸びていた入道雲から次第に、横にたなびくような雲が見られるようになります。夏と秋をそれぞれ象徴する雲が同居する空を「ゆきあいの空」と言うのです。ああ夏が終わり、季節は変わっていくんだなぁっという儚さみたいなものを感じます。

こうして好きな空や雲を思い浮かべると不思議です。昔はとにかく成長を象徴するような入道雲に魅かれていました。今は空にふわっと白のベールがかかったような儚い雲もいいなと思います。見ているとなんだか落ち着くのです。私の中で少しずつ変化しているものがあるのかもしれません。

四季の移ろいと自分の心の変化、ゆっくりじっくり日々楽しんでいきたいです。

父親

私の父は警察官です。昔、「算数教えて」と問題を見せると、ちょっと考えて「お母さんに教えてもらいなさい」と言った父。自慢といえば柔道五段、体力とパワーは無駄にあることでしょうか。

酔っぱらうと父は、昔から「なっちゃんは父さんの子に生まれて幸せ?」と聞いてきます。面倒なので「別にふつう」と答えています。

こんな感じで、私は父を適当にあしらうことがほとんどです。でも社会人になってから、父親の言葉に助けられたことがありました。

私はキャスターになって、ちょっとだけうつ病っぽくなったことがあります。なんだか気力がわかず、自信が持てず、気がつくと涙が出る時期がありました。理由はひとつではないと思います。災害現場を何度も目の当たりにしたことや、自分の力量が追いつかないことへの焦りなど、いろんなことが重なったからだと思います。

あるとき、母親の声が聞きたくなって電話をしました。母親はたいてい「しっかりしなさい」と檄を飛ばすのですが、このときは違いました。私が落ち込んでいる理由をうまく話せなかったからかもしれません。

すると、母は「ちょっと待って。お父さんに代わるから」と言いました。こういうときは、父親じゃないとダメだと思ったのでしょうか。電話に出た父はおもむろに、

「実は父さんもね、昔、お前と同じように仕事で悩んだことがあった」

意外でした。お父さんでもそういうことがあったんだ。

「そういうとき、父さんの場合はね……」

聞いたことのない話だと思い、息を呑みました。

「とにかく眠るんよ」

え？

「眠ったら嫌なこと忘れられるんよ。父さんはいつもそうしちょった！」

物々しい語り口で、眠りについて諭されました。あまりに真剣に語るので、かえって吹き出しそうになりました。目からは涙が出るのに、笑いが出て、なんだかよくわからなくなりました。

「あ、食べたいものはあるか。何でも言え。父さんが何でも送っちゃる！」

電話を切ってからふと思いました。アドバイスはともかく、あのお父さんでも悩むことあったんだな……。ひとりで布団の中にもぐりこみ、とにかく眠ろうと努める父の姿を想像しました。そんな夜が何度あったのでしょうか。そうやって何十年も家族のために働き続けてくれたんだな……。

父親は次の春、２０１６年の春で定年退職を迎えます。ちゃんと「お疲れ様」と「ありがとう」を言わないといけないなと思います。でも面と向かって言うときっと泣くので、手紙か何かで伝えようかなぁっと思います。

やりがい

この間、講演に行ったとき「やりがいは、どんなときに感じますか?」と聞かれました。

私は気象キャスターになって約5年になります。まだたったの5年です。常に「まだまだ知識と経験が足りない」と感じながら必死な毎日を送っているので、やりがいについてじっくりと考えたことがありませんでした。でも「役に立ちたい」という思いは年々、指数関数的に膨れ上がっています。

その理由のひとつは、一緒に仕事をしている人たちから受ける影響です。災害時、放送局は「放送を通じてひとりでも多くの命を救おう」と一丸となります。日ごろからそんな熱い思いを述べ合っているわけではありませんが、ひとりひとりが真剣に命を救いたいと思っているのがわかるのです。そういう仲間や上司を心から尊敬しますし、私自身も一助となりたいという気持ちが沸き起こるのを感じます。

実際に災害現場を訪れたときに受ける衝動は大きいです。被害に遭われた方は皆、それまで以上に天気に敏感になっています。

「夜にちょっとでも雨が降ると怖い」「ニュースにかじりついている」「次は絶対早く逃げる」

そんな言葉のひとつひとつに、自分に与えられている仕事の意味を感じさせられます。どんな情報、呼びかけが必要なのか。そして何より「この人たちのために伝えているんだ」という意識がより明確になります。そんなふうに強く「伝えたい」と意識した瞬間に、この仕事のやりがいを感じるように思います。

元気をもらえるのは、講演に行った際に声をかけていただくことやお手紙などです。この間、姉妹を連れたお母さんが「この子たち、いつも棒を持ってお天気ごっこをしているんですよ」と声をかけてくれました。お姉ちゃんは「してないもん」と恥ずかしそうでしたが、放送が皆さんの団らんの時間の一部になっているのかな……と思うと、とても嬉しかったです。

また、つい先日、気象予報士を目指して勉強中だという女子学生に出会い、こう聞かれました。

「くじけそうになったとき、どうしたら頑張れますか?」

自分自身、苦しかった試験勉強時代を思い出しました。警報に関する問題の答え合わせをしていたときのことです。「まる、まる、ばつ、ばつ。マイナス4点」——。

そのとき、ふと思いました。テスト上ではたったマイナス4点、でも、もしも私が実際の予報官だったら、これは絶対にしてはいけないミスなのではないか。「気象予報士は、ときに人の命を左右することがある」とはじめて意識したのです。その頃から資格試験に臨む意欲がぐんと上がりました。

あれから10年。気象キャスターになって確信しました。当時の私が感じたことは間違っていない。この仕事は人の命を救える仕事です。「一緒にがんばろうね」という言葉に、彼女は前髪を揺らすほど強く頷いてくれました。

社会人になりたての頃は、自分にできることが何なのかさっぱりわかりませんでした。でも、今は「これだ」というものを見つけました。

「人は変わる」

ある方に教えていただいた大事な言葉です。自分の未来は、自分で変えられるという意味です。

この本を書きながら、自分がどれだけ多くの方に支えられてきたのかを改めて実感しました。まだ人生は続きます。恩返しとしてできるのは、私もまた誰かのために、日々生きることかなと思っています。

長期予報ってあたらないと感想をお持ちの方も多いかもしれません。

しかし、長期予報は日々進化しています。今後、利用価値はさらに高まるでしょう。

長期予報を一から丁寧に理解したいならこの本。気象の奥深さに気づくはずです。

『長期予報のしくみ』
酒井重典:著／東京堂出版

気象の本なのに、気象の本じゃないみたいに面白い本です。

語り口調で書かれているので読みやすく、内容も理解しやすいです。

『梅雨前線の正体』
茂木耕作:著／東京堂出版

気象災害についての知識や防災の意識がいっそう高まりました。

『いのちを守る気象学』
青木孝:著／岩波書店

最近読んだ先輩の本　おススメなのはこちら!!

『井田寛子の気象キャスターになりたい人へ伝えたいこと』
井田寛子:著／成山堂書店

気象キャスター先輩である井田寛子さん。
「井田さんもこんな思いをされてきたんだ。私ももっと頑張らないと!」と
奮起させてくれた本です。
普段は同じ職場で一緒にお菓子を食べたり……と仲良くさせてもらっています。
先輩を改めて知り、尊敬する気持ちを大きくさせてくれた一冊です。

『いのちを守る気象情報』
斉田季実治:著／NHK出版

「気象キャスターなのに熱中症になってしまった……」と話すのは、斉田季実治キャスター。

普段は穏やかな方ですが、気象災害や防災について語り出すと止まりません。

そのくらい知識が豊富で、防災に対して並々ならぬ思いのある方です。

ご自身が経験された「熱中症」をはじめ、さまざまな気象災害について
わかりやすくまとめられた一冊、必見です。

『天気と気象 異常気象のすべてがわかる!』
佐藤公俊:著／学研パブリッシング

最近よく耳にする「異常気象」。異常気象について、世界規模の大気の流れについて、
カラー図でこれほどわかりやすく書かれた本は他にないと思います。

「気象は大きな現象を捉えてから、小さな現象に目を向けること」。

これは、私がいつも心にとめていることです。教えてくれたのは佐藤公俊キャスター。

この本を読めば、気象を読み解くスキルがアップすること間違いなしです。

気象予報士試験を目指す人におすすめの本

最初はカラー&図がいっぱいある本がおススメです。

『史上最強カラー図解 プロが教える気象・天気図のすべてがわかる本』
岩谷忠幸:監修/ナツメ社

『天気と気象のしくみパーフェクト事典(ダイナミック図解)』
平井信行:監修/ナツメ社

数式が苦手な人も、
この一冊があればグンと合格に近づけるはず☆

『真壁京子の気象予報士試験数式攻略合格ノート』
真壁京子:著・大野治夫:監修/週刊住宅新聞社(改訂第3版)

基礎はこの本で完璧に! 一番お世話になった本かも?
とにかくわかりやすいです。

『図解入門 最新気象学のキホンがよ〜くわかる本』
岩槻秀明:著/秀和システム(第2版)

「なるほど〜、そういう捉え方をしたらいいんだ」と
思わせてくれるところが多く、読みやすかったです。

『図解 気象学入門』
古川武彦・大木勇人:著/講談社

以下の2冊、気象の世界が広がります。
まず、①『天気図のみかた』、②『局地気象のみかた』の順で読んでほしい。
大きい現象を把握する力を備えて、局地気象に目を向けるとグンと理解が深まるはずです。

『気象予報のための天気図のみかた』
下山紀夫:著/東京堂出版(改訂新版)

『天気予報のための局地気象のみかた』
中田隆一:著/東京堂出版

台風については、この2冊があれば鬼に金棒!

『台風学入門──最新データによる傾向と対策』
村山貢司:著/山と溪谷社

『図解 台風の科学』
上野充・山口宗彦:著/講談社

おわりに

今、30年分の日記を書き終えたような気持ちです。

私は昔から強い人間ではありません。むしろ打たれ弱いほうです。しかし、人生を振り返ってわかったことは、失敗や挫折こそが自分を強くしてくれたということです。

立ち止まっているときは苦しかったり、途方に暮れたりするけれど、今思えばすべてが私にとって大事な時間でした。そして、人との出会いが、感じる心を育ててくれました。

「私もこの人のような生き方をしたい」

その思いは行動する力に変わり、今、できることが少し増えました。

とはいえ、できないこともたくさんあります。今後、もっと大きな壁にぶちあたるかもしれません。でも、これまでの人生もなんとかなってきたから、きっと大丈夫。そう言い聞かせ、前に進んでいこうと思います。

この本のタイトル『はれますように』は、本を書き終えた直後、頭に浮かびました。言葉の響きから「うまくいきますように。思うようにいかなくても最後には皆で笑えますように」。そんなイメージを抱いたのです。

この本を手にとってくださった皆様、出版に関わってくださった皆様、私と出会ってくれ、支え、力になってくださった皆様に心から感謝しています。ありがとうございました。

皆様の日々がどうぞ「はれますように」!!!!

2015年10月

寺川奈津美

寺川奈津美（てらかわ・なつみ）
1983年2月8日、山口県下関市生まれ。
慶應義塾大学理工学部応用化学科卒業。
一般企業での勤務を経て、
2008年に気象予報士資格を取得。
気象キャスターとして活躍中。

カバーイラスト　寺川奈津美
写真　サトウ ノブタカ
ヘアメイク　城江陽子
装丁　木庭貴信＋川名亜実（オクターヴ）

気象キャスター寺川奈津美

はれますように

未来はきっと変えられる

二〇一五年一一月一九日　初版第一刷発行

著者　寺川奈津美
編集　上野建司
発行者　佐野裕
発行所　トランスワールドジャパン株式会社
〒一五〇‐〇〇〇一
東京都渋谷区神宮前六‐三四‐一五　モンターナビル
電話　〇三‐五七七八‐八五九九
ファックス　〇三‐五七七八‐八七四三
印刷・製本　中央精版印刷株式会社

Printed in japan

ISBN978-4-86256-165-7